Andrea Doris Janko

LEBEN IM RHYTHMUS DER NATUR

BAND 1

Rezepte und Tips für eine natürliche Lebensweise

METATRON
D. G. Z.
VERLAG
Der Gedanke zählt!

Für meine Lieben.

Die Angaben in diesem Buch sind sorgfältig recherchiert und abgeklärt.
Wir bitten um Verständnis, daß wir dennoch für einen 100%igen Erfolg keine Garantie übernehmen können.

Es gibt kein Geheimnis an sich -
es gibt nur Uneingeweihte aller Grade.

Christian Morgenstern

Titelbild: Hubert und Andrea D. Janko: "Nemesis, Göttin der Gerechtigkeit, verteilt die Gaben"
Printed in Austria, auf chlorfrei gebleichtem Papier
Druck: LANDESVERLAG, Linz

ISBN 3-901627-01-4

VORWORT

Alles Leben ist Rhythmus, eine Abfolge bestimmter Gegebenheiten in bestimmten Zeitabständen - ein ewiger Kreislauf, der uns am deutlichsten im Jahreskreislauf, in den Gezeiten, in den Sonnen- und Mondbahnen sichtbar wird. Im Rhythmus der Natur zu leben heißt die Gegebenheiten der Natur optimal zu nutzen; sich in den Fluß des Lebens zu begeben, anstatt unter Aufwendung enormer Kraft gegen den Strom zu schwimmen.
In allen Kulturen des Altertums war das Wissen um diese Rhythmen beheimatet. Der Mensch war darin aufgewachsen, lebte als Teil der Schöpfung inmitten dieses Kreislaufes, fühlte sich integriert. Der Uroboros (griechisch oura = Schweif, boros = verschlingend), die sich in den Schwanz beißende Schlange, galt weltweit als Symbol der unendlichen Wiederkehr. Schon auf den altägyptischen Särgen finden wir ihn; in der Gnosis ebenso wie in der Mythologie westafrikanischer Stämme. Die Germanen nannten ihn Midgardschlange, Erdumgürtlerin, Symbol des ewig wiederkehrenden Lebens, des Lebenskreislaufes in der Schöpfung.
Auch bei den Indianern Nordamerikas war und ist der Kreis ein wichtiges Symbol. Die Natur bringt alles rund hervor - ohne Ecken: die Tiere, die Menschen, die Bäume, der Mond, die Sonne, der Horizont, der Himmel, der Regenbogen… sind Kreise in größeren Kreisen.
Der Kreis, so sagen sie, ist zeitlos, steht niemals still. Selbst aus dem Tod geht neues Leben hervor. Das Symbol des "zivilisierten" Menschen hingegen scheint das Viereck zu sein - eine unnatürliche Form: Häuser, Fernsehapparate, Waschmaschinen, Computer, Autos, Geldscheine… Alles hat Ecken und scharfe Kanten. Selbst die Zeit ist nicht mehr rund. Sie ist bestimmt von Terminen, Stechuhren und Stoßzeiten. Man findet kaum mehr natürliche Rhythmen darin und kaum einer spürt den Pulsschlag des Großen Geistes, der die gesamte Schöpfung beseelt. Der zivilisierte Mensch hat aufgehört, sich als Teil des Ganzen zu sehen, hat den Kreis durchbrochen, um seiner eigenen Wege zu gehen und den Rest des Universums hinter sich zu lassen. Aber kein Wesen kann letztendlich ohne die Natur leben. Wir sind an die Erde gebunden und an die Naturgesetze.

Chiparopai, eine weise Frau des Yuma-Stammes im Südosten Kaliforniens, schrieb einst:

Woher wüßten wir, wie wir leben sollten, wenn wir nicht an etwas glaubten, das größer ist als wir? Wer würde uns lehren zu leben?
Wer sagt dem Baum, wann die Zeit kommt, seine kleinen Blätter auszutreiben? Wer sagt den Drosseln, daß es warm geworden ist und sie wieder nach Norden fliegen können? Vögel und Bäume hören auf etwas, das weiser ist als sie. Von sich aus würden sie es niemals wissen. Das, was größer ist als wir, lehrt alle Lebewesen, was sie tun sollen. Wir sind wie die Blumen. Wir leben und wir sterben, und aus uns selbst heraus wissen wir nichts. Aber das, was größer ist als wir, lehrt uns, wie wir leben sollen.

Zu erkennen und die ursprüngliche Harmonie wiederherzustellen könnte die Lösung sein. Der Schlüssel (zu allem) liegt in unserem Bewußtsein.

Andrea D. Janko

INHALT

INHALT

ERKLÄRUNG

ZEICHENERKLÄRUNG, DEFINITIONEN

○	VM	Vollmond	
☽	zu	zunehmender Mond	
●	NM	Neumond	
☾	ab	abnehmender Mond	
◡		aufsteigender Mond	
◠		absteigender Mond	
		Widder	1
		Stier	2
		Zwilling	3
		Krebs	4
		Löwe	1
		Jungfrau	2
		Waage	3
		Skorpion	4
		Schütze	1
		Steinbock	2
		Wassermann	3
		Fische	4

Die Elemententrigone und ihre Zuordnungen

Element	Pflanzenteil	Empfinden	Nahrungsaufnahme	Temperament
1 Feuer	Frucht	Wärme	Eiweiß	cholerisch, feurig
2 Erde	Wurzel	Kälte	Salz	melancholisch, bodenständig
3 Luft	Blüte	Licht	Fett	sanguinisch, luftig
4 Wasser	Blatt	Wasser	Kohlehydrate	phlegmatisch, aufnehmend

Trigon	Impuls	Maßnahmen günstig für
Feuer	Frucht	(1) **Fruchtgemüse** (Zucchini, Gurken, Tomaten, Paprika, Kürbis), Obst, Beeren, Getreide, Mais
Erde	Wurzel	(2) **Wurzelgemüse** Zwiebeln, Knollen, Kartoffeln (alles, was unter der Erde Frucht trägt)
Luft	Blüte	(3) **Blütengemüse** (Brokkoli, Karfiol) Blumen, Blüten sträucher,
Wasser	Blatt, Stengel	(4) **Blattgemüse** Salate, Stengel (Flachs, Hanf)

GEDANKEN ZUR GESUNDHEIT

Ein Leben in Gesundheit ist das wertvollste Gut, das unsere materielle Welt zu bieten hat. Manchem von uns mag das nur ein hohles Schlagwort sein, aber ein Mensch, in dessen engem Umfeld jemand ernsthaft krank war, oder wer selbst bereits große Gesundheitsprobleme hatte, wird seine Einsicht dahingehend bereits geändert haben. Krankheit sollte deshalb eher als Chance für uns gesehen werden, die innere Einstellung zu überprüfen, der Anstoß, sich Gedanken zu machen, um mit sich selbst und seinen Lebensumständen ins reine zu kommen. Krankheit ist ein Warnsignal unseres Körpers, das uns auf einen Mißstand aufmerksam machen will. Sie gibt uns die Chance, unser Leben positiv zu ändern, wenn wir uns die Mühe machen, den Auslöser unserer Krankheit zu orten und das Übel durch Änderung unserer Lebensgewohnheiten und Denkmuster auszuschalten.

Der Mensch ist dazu geschaffen, in Harmonie mit sich und seiner Umwelt zu leben. Ist er mit sich selbst nicht in Harmonie und werden äußere Disharmonien und ungünstige Einflüsse an ihn herangetragen, verstärkt dies die Wahrscheinlichkeit, daß eine Krankheit sich festsetzen kann. Meist wirken hier gleich mehrere ungünstige Gegebenheiten zusammen.

Äußere Einflüsse, die hierbei eine bedeutende Rolle spielen, sind auch die Kräfte der Gestirne, insbesondere die des Mondes.

Bereits unsere Vorfahren gelangten vor Jahrtausenden durch Beobachtungen des Sternenhimmels und anhand der an verschiedenen Konstellationen auftretenden Beschwerden oder Heilerfolge zu der Erkenntnis, daß hier unsichtbare, kosmische Kräfte auf den Menschen einwirken. Und sie richteten ihre "Heilmaßnahmen", die damals noch als heilige Rituale verstanden wurden, auf diese Gegebenheiten aus.

Auch Hippokrates, der ja als Vater der sogenannten klassischen Medizin gilt, erkennt in seinen großen chirurgischen Schriften und den Büchern der "Epidemien" die Wirkung der kosmischen Kräfte auf Organismus und Geist des Menschen an. Er schreibt sogar den atmosphärischen Vorgängen, die im Zusammenhang mit dem Wechsel der Horen (Jahreszeiten) und den damit verbundenen Veränderungen am Sternenhimmel stehen, die Ursache aller Krankheiten zu.

Paracelsus wiederum erkannte, daß durch die unsichtbaren Kräfte des Gestirns alles so ist, wie es ist. Jede Pflanze, jedes Tier, jeder Mensch ist davon bestimmt. Das Unsichtbare hat seine Wirkung im Sichtbaren. Nach Paracelsus muß der Arzt auch Astronom, Philosoph und Alchemist sein, d. h. eine ganzheitliche Sicht der Dinge aufweisen, um verstehen und wirkungsvoll helfen zu können. Vieles von dieser ganzheitlichen Sicht war uns in den letzten Jahrhunderten verlorengegangen, und erst in neuerer Zeit besinnt man sich mancherorts wieder des Zusammenwirkens der Kräfte.

Wenn jeder versucht, auf die Signale des Körpers zu achten und darauf zu reagieren, wird keine Krankheit sich festsetzen können. Und wenn wir bereit sind, wieder selbst die Verantwortung für unsere Gesundheit zu übernehmen, die Ursachen zu erkennen und unser Leben dahingehend zu ändern, dann sollte einer Heilung nichts mehr im Wege stehen. Dies sollte jedoch selbstverständlich keinen daran hindern, bei ernsthaften Krankheiten den Arzt zu konsultieren.

DER SIDERISCHE MOND UND SEINE AUSWIRKUNG AUF DIE GESUNDHEIT

Wenn wir den GROSSEN MOND- UND HAUSKALENDER näher betrachten, so sehen wir unter GESUNDHEIT eine Reihe Organe und Körperteile angeführt. Es sind jene Teile, die an dem jeweiligen Tag vom dazugehörenden Tageszeichen (Mond in Sternbild)* regiert werden (Füße und Zehen an einem Fischtag, z. B.). Nun ist es ungünstig, sich an diesem Tag einer Fußoperation zu unterziehen oder diese Körperteile mit Metall zu bearbeiten (Nägel feilen). Verstärkt würde dieser ungünstige Einfluß noch durch zunehmendem oder gar Vollmond. Alle pflegenden Maßnahmen für diese Körperteile hingegen sind bei gerade diesen Gegebenheiten besonders günstig (siehe Kalendarium). Beachten Sie bitte auch, daß der Wechsel des Mondes von einem Sternbild in ein anderes ein allmähliches Hinübergleiten ist. An einem Fischtag können zum Beispiel noch Wassermanneinflüsse nachwirken, oder vielleicht kündigt sich bereits der Widder mit Migräne an, jedes Individuum wird dies anders empfinden.
Die gleichen Körperteile, die an dem jeweiligen Fischtag beeinflußt werden (Mond in Fische), werden natürlich auch beeinflußt, wenn sich die Sonne im Zeichen Fische befindet siehe Monatsblatt im Kalendarium.
*Achtung! Bei den Tageszeichen handelt es sich nicht um astrologische Sternzeichen, sondern um die tatsächlichen Situationen der Sternbilder im Kosmos (Ausführlicheres In LEBEN IM RHYTHMUS DER NATUR Band 2)

Organe und Körperteile und ihre Zuordnung zu den Sternzeichen

Widder:	Kopf, Augen, Gehirn, Nase, Zähne
Stier:	Hals, Sprachorgan, Zähne, Kiefer, Kehlkopf, Nacken, Mandeln, Ohren Drüsen besonders die Schilddrüse
Zwilling:	Schulter, Arme, Finger, Hände, Thymusdrüse, obere Rippen, Lunge, Bronchien, Nervensystem
Krebs:	Brust, Zwerchfell, untere Lunge, Milchdrüsen, Magen, Leber, Galle, Blutbeschaffenheit, Wasserhaushalt
Löwe:	Herz, Rücken(mark), Wirbelsäule, Schlagader, Blutkreislauf, Zwerchfell
Jungfrau:	Dick-, Dünn-, Zwölffingerdarm, Bauchspeicheldrüse, Milz, Nerven
Waage:	Hüfte, Niere, Blase, Gleichgewichtsorgane, Nase, Niere
Schütze:	Oberschenkel, Hüften, Leber, Galle, Venen, Kreuzbein, Ischiasnerv, Darm, Muskeln, Blutbeschaffenheit
Steinbock:	Knie, Knochen, Zähne, Gelenke, Haut, Bänder, Schleimhäute, Bandscheiben
Wassermann:	Unterschenkel, Knöchel, Venen, Blutkreislauf, Herzrhythmus, Nerven
Fische:	Füße, Zehen, Fersen

DIE ORGANUHR

Besonders zu beachten sind die Zeiten, an denen die inneren Organe am intensivsten od. schwächsten arbeiten. Heilmittel sind in der Hochphase des zu behandelnden Organes (am besten sogar eine Sequenz davor) besonders wirksam. Wer das jeweilige Organ in der Tiefphase besonders belastet - sei es, daß erst nach 9 Uhr gefrühstückt wird (Magen-Tiefphase), das Herz zwischen 13 und 15 Uhr z.B. durch Spitzensport stark beansprucht wird oder man die Nieren durch übermäßiges Trinken zwischen 19 u. 21 Uhr stark fordert - wird sich vielleicht daraufhin nicht besonders wohl fühlen. Als Ausnahme mag dies für einen gesunden Menschen tragbar sein. Als Dauereinrichtung wären permanente Verstöße gegen die innere Uhr nicht empfehlenswert. (Lebensgewohnheiten ändern!)

Organ	**Hochphase**	**Tiefphase (keine Operationen am jew. Organ vornehmen, Notoperationen ausgenommen)**
Leber	1 - 3 Uhr	3 - 5 Uhr
Lunge	3 - 5 Uhr	5 - 7 Uhr
Dickdarm	5 - 7 Uhr	7 - 9 Uhr
Magen	7 - 9 Uhr	9 - 11 Uhr
Bauchspeicheldrüse, Milz	9 - 11 Uhr	11 - 13 Uhr
Dünndarm	13 - 15 Uhr	15 - 17 Uhr
Blase	15 - 17 Uhr	17 - 19 Uhr
Nieren	17 - 19 Uhr	19 - 21 Uhr
Kreislauf	19 - 21 Uhr	21 - 23 Uhr
Lebensenergie	21 - 23 Uhr	23 - 1 Uhr
Gallenblase	23 - 1 Uhr	1 - 3 Uhr

DIE WIRKUNG DES MONDES AUF DIE SEELE

Wie der siderische Mond (Mond in einem gewissen Sternbild) auf den Körper wirkt, so zeigt er auch eine ganz besondere Wirkung auf die Seele. Unter "Tagesqualität" ist im GROSSEN MOND- UND HAUSKALENDER die dem jeweiligen Tageszeichen zugeordnete Grundstimmung angeführt. Dem Tageszeichen Widder ist z.B. die Grundstimmung "mit dem Kopf durch die Wand" zugeordnet. An diesem Tag sind alle ein wenig von dieser Widderenergie beeinflußt. Je nach den persönlichen Sterneneinflüssen des einzelnen Menschen, die Planetenstände zum Zeit der Geburt spielen dabei eine Rolle (S. Seite 120), wird dieser Aspekt mehr oder weniger durchschlagen. Auch hier steht dieser Einfluß nicht für sich allein, sondern muß im Zusammenklang mit den anderen Aspekten, die die Allgemeinheit betreffen, gesehen werden.

HEILKRÄUTER

Gegen jede Krankheit ist ein Kraut gewachsen, das sagte schon Theophrastus Bombastus von Hohenheim, genannt Paracelsus. Aber da kein Mensch wie der andere ist, sind die Auswirkungen der einzelnen Kräuter von verschiedener Intensität auf den einzelnen Menschen, auf seine Seele, je nach Zusammenklang der einzelnen Gegebenheiten sowohl im Menschen als auch in den Heilpflanzen. Jeder Mensch, jedes Tier wird deshalb bei gewissen Krankheiten auf verschiedene Kräuter besonders ansprechen. Es liegt an uns, selbst herauszufinden, welches Heilkraut uns besonders zuträglich ist (durch Beobachtung, Pendeln, Ökotensor-Austestung).

Der Zeitpunkt der Ernte spielt bei Heilpflanzen eine bedeutende Rolle

Blüten: zu Beginn der Blütezeit, an einem Blütentag, bei zunehmendem Mond (2 - 3 Tage vor Vollmond) oder am Vollmondtag ernten; vormittags, bei heiterem Wetter, wenn der Tau getrocknet ist. Noch besser auch noch bei aufsteigendem Mond.

Blätter: wie oben (an Blattagen geerntet, enthalten sie zu viel Wasser) jedoch vor und während der Blütezeit. (Ausnahme Brennessel! Stets bei abnehmendem Mond pflücken!)

Rinden: an Erdtagen, bei Vollmond und bis 3 Tage davor, aufsteigender Mond; im Frühling oder Herbst.

Samen und Früchte: bei trockenem Wetter an Fruchttagen und kurz nach Vollmond (für Trocknung), bei aufsteigendem Mond, Mittagshitze meiden!

Wurzeln: am besten bei Vollmond oder bis 2 Tage danach und absteigendem Mond; im Frühling oder Spätherbst, wenn die Kräfte noch in der Wurzel ruhen. Die alten Alchemisten achteten darauf, daß kein Tageslicht die Wurzel berührte. Man gab die Wurzel gleich in ein Leinensäckchen, reinigte u. trocknete sie im Dunkeln. - Wenn immer möglich jedoch auf erneuerbare Pflanzenteile mit gleicher Wirkung ausweichen.- Bedenken wir, die Pflanze gibt mit der Wurzel ihr Leben hin, und wir wollen ja die Natur schonen!

Sonnenkräuter: Kräuter, die die Sonne lieben und bei Dunkelheit oder Regen ihre Blütenkelche schließen, werden bei kalten Geschwüren angewendet und zur Schleimlösung. Bitte unbedingt bei Sonnenschein pflücken!

Schattenkräuter: Kräuter, die im Schatten der Bäume blühen und zur Reinigung des Organismus oder bei Entzündungen und Krankheiten mit Temperaturanstieg eingesetzt werden, müssen beim Sammeln nur vom Tau getrocknet sein.

Vollmondtage, Skorpiontage, Frauentage (Marienfeiertage): An diesen Tagen weisen die Pflanzen eine besondere Heilkraft auf. - Die alten Kräuterfrauen behaupten, daß die **Augustvollmondnacht** die beste Zeit im Jahr ist, um Kräuter zu sammeln.

Trocknen der Heilkräuter zumindest teilweise im abnehmenden Mond (zweite Hälfte); **abfüllen** bei abnehmendem Mond, am besten auch noch aufsteigend.
Getrocknete Kräuter und frische nicht gemeinsam verwenden!

TIP: *Nach der Signaturlehre sind alle Pflanzen den verschiedenen Planeten zuzuordnen. Natürlich wirkt jeder Planet auch in jeder Pflanze aber es gibt Hauptgesichtspunkte. Mehr darüber, über das Bestimmen der Heilpflanzen und über das Sammeln der Heilkräuter an den zugeordneten Tagen und Stunden finden Sie im Buch LEBEN IM RHYTHMUS DER NATUR Band 2 (erscheint im Herbst 1996).*

Allgemeine Hinweise zum Sammeln von Heilkräutern

1. Die Natur zu schonen sollte unser oberstes Anliegen sein. Nur dort sammeln, wo die Heilpflanze reichlich anzutreffen ist. Nie eine Pflanze völlig "abernten".
2. Nur Pflanzen, deren Heilwirkung sicher erkannt und auch gebraucht wird, sammeln.
3. Straßenränder und chemisch behandelte Agrarflächen sind beim Sammeln zu meiden.
4. Nur maßvoll sammeln! Die meisten Heilkräuter verlieren nach Jahresablauf an Wirkung.
5. Sammelzeitpunkt beachten.
6. Verschmutzte Pflanzen sind für den Einsatz als Heilkräuter nicht geeignet, sie dürfen nicht gewaschen werden.
7. Heilpflanzen nie in Plastiksäcken aufbewahren oder transportieren. Die Pflanze muß atmen können.
8. Zum Trocknen werden die Heilkräuter an einem schattigen, staubfreien Ort auf einer dicken Seidenpapierunterlage, möglichst auf einem Lattenrost ausgebreitet. Trocknen bei abnehmendem Mond, am besten auch noch aufsteigend. Abfüllen in dunkle Gläser oder Papiertüten bei abnehmendem Mond. Beschriften und datieren.
9. Gesammelte Wurzeln mit einer Bürste reinigen, evtl. kurz unter fließendem Wasser reinigen, zum Trocknen dicke Wurzeln der Länge nach aufschneiden. Nach dem Trocknen zerkleinern und aufbewahren.
10. Beeren, die besonders saftig sind, können bei geringer Hitze langsam im Backrohr getrocknet werden.
11. Trockentest: Heilkräuter wringen; erst wenn sie brechen, wurde lange genug getrocknet, und es kann abgefüllt werden. Ansonsten Trocknungszeit verlängern.
12. Dosierungen nie überschreiten. Weniger ist oft mehr.
13. Kräuter mit ähnlicher Heilanzeige können gemischt werden. Sie ergänzen sich meist in der Wirkung.

14. Freude, Dankbarkeit, Liebe, gutes Wollen sind positive Schwingungen, die sich beim Sammeln und Verarbeiten der Heilkräuter auf die Pflanzen niederschlagen und als Information gespeichert werden. Solcherart programmierte Heilpflanzen sind natürlich besonders wirksam.

15. Wer mit Offenheit, Dankbarkeit und in guter Erwartung diese Heilpflanzen oder Erzeugnisse daraus anwendet, aktiviert zudem Selbstheilungskräfte, die sich auf eine Genesung positiv auswirken.

Die Gesundheit ist wie das Salz
in der Suppe.
Meist bemerkt man es erst,
wenn es fehlt.

Pflanzennamen und Zeichenerklärung

Im 18. Jhdt., als die Naturbeobachtung eine Renaissance erfuhr, vereinheitlichte der schwedische Naturforscher Karl von Linné die Benennung von Pflanzen und Tieren in der lateinischen Namensgebung eine Artbezeichnung und ein Gattungsname. Bis zum heutigen Tag kennt man etwa 300.000 verschiedene Pflanzenarten, von denen jedoch nur ein Bruchteil zur Heilung genutzt wird. Durch Rodung der letzten Urwälder dieser Erde, Umweltverschmutzung, Achtlosigkeit und Profitsucht der Spezies Mensch werden täglich 3 Arten ausgerottet und gehen auf diese Weise unwiederbringlich verloren.

Blüten	Rinde
Blätter	Früchte
(blühendes) Kraut	● Samen
Wurzeln	* geschützte Pflanzen nur aus der Apotheke

KRÄUTERSAMMELTABELLE

Pflanze	Teil	Verwendung bei	Sammel monat	Verarbeitung
Acker-schachtelhalm: (Zinnkraut)	Sproß	Tumor, Arterienverkalkung, Leber, Galle, Blasen- u. Nierenleiden, Durchblutungsstörungen (lokale), Frostbeulen, Haut, Rheuma, Wassersucht, Wundheilung, Lungenblähung, Husten, Frauenleiden, Gefäßleiden	5-7	Tee, Bad
Alant:		Appetitlosigkeit, Asthma, chronische Bronchitis, Flechten, Ausschläge (Abkochung)	3, 4	Tee, Salbe Tinktur
Andorn: weißer:		chronische Bronchitis, Gallenleiden, schlecht heilende Wunden, menstruationsfördernd, Gelbsucht	8	Saft, Tee
Anis:	●	Blähungen, Bronchitis, trockener Husten	7-9	Tee
Arnika:*	Apoth.	Blutergüsse, Gelenksentzündungen, Rheuma, Herzbeschwerden, Krampfadern, Mundschleimhautentzündung, Neuralgien, Quetschungen, Rachenentzündung, Venenentzündung, Verstauchungen, schlecht heilende Wunden, Zahnfleischentzündungen, Zerrungen, Zungenentzündungen		Tinktur, Tropfen
Artischocke:		Arteriosklerose, Gallensteine, Leberleiden, Übelkeit,		Saft
Augentrost:		Augen, Bindehautentzündungen, Gerstenkorn, Lidrandentzündung, Galle, Magen, Darm, Lunge	7-9	Tee, Waschung
Baldrian:		nervöse Erschöpfung, nervöse Herz- und Magenbeschwerden, Schlaflosigkeit, Krämpfe, nervenstärkend	9-10	Tee (nur 14 Tage)
Bärentraube:		Blasenentzündungen, Nierenbeckenentzündungen	3, 4, 9	Tee
Bärlauch:		Blähungen, Bluthochdruck, Frühjahrskur, Verdauungsstörungen, entschlackend	4	Tee, Tinktur Gewürz
Beifuß:		Appetitlosigkeit, Küchengewürz (bessere Verträglichkeit fetter Speisen, Säfteproduktion)	6-10	Tee
Beinwell: (Beinwurz)		Abszesse, Bronchitis, Geschwüre, Husten, Neuralgien, Rheuma, Sehnen, Gelenke, Knochen, Brüche; heilend	9-10 10	Salbe, Tinktur, Auflage
Berberitze: (Sauerdorn)		Fieber, Leber, Galle, Niere, Verstopfung Kreislauf, Hämorrhoiden, Blutandrang im Gehirn	9-11	Tee, etc.

Pflanze	Teil	Verwendung bei	Sammel-monat	Verarbeitung
Birke:		Blasenentzündung, Haarausfall, Rheuma, Haut	3, 5, 6	Tee, etc.
Blutwurz:		Durchfall, Mundschleimhautentzündung, Verbrennungen, Rachenentzündungen, leichte Zahnfleischentzündungen, Ruhr, Darmblutung	3, 4, 10	Tinktur, Pulver
Bockshorn-klee:		Anregung der Milchsekretion, Geschwüre, Abszesse, Fistel, Verdauungsstörungen, Stärkungsmittel	Kultur	Brei, Auflage
Brennessel:		Blutarmut, Rheuma, Gicht, Ischias, Haarausfall, Hautleiden, Hexenschuß, Entschlackung, Gelbsucht	3-10	Tee, Wein, Öl, Spinat
Brombeere:		Durchfall, Magen- und Darmkatarrh, Blutbildung	4-6, 7	Tee, Beeren
Brunnenkresse:		Frühjahrskur, Gallen- und Blasensteinbeschwerden, chronisches Rheuma, unreine Haut, Leber, Zucker	4-6	Saft, roh
Chinarinden-baum:	Apoth.	Appetitlosigkeit, Erkältungen, Fieber, Malaria, Herzrhythmusstörungen, Verdauungsstörungen		Pulver, Abkochung
Dill:		Blähungen, Hämorrhoiden, Magen, Milchproduktion	6-9	Tee, Öl, etc.
Dost:		Luftwege, Menstruationsbeschwerden, Rachenentzündungen, Verdauungsstörungen, Harnwege	6-9	Tee, Spülung
Eibisch:		Bronchitis, Durchfall, Husten, Luftröhren- und Halsentzündungen, Magen- und Darmschleimhautentzündungen, Asthma, Augen, Klistier	3, 8-10	Tee, Milch
Eiche: junge Zweige		Halsentzündung, Fisteln, Durchfall, Ekzeme, Fußschweiß, Frostbeulen, Hämorrhoiden, Magen- und Darmschleimhautentzündungen, Zahnfleischbluten	3-5	Abkochung, Sitzbad, Tinktur
Ehrenpreis:		Atemwege, Leber, Lunge, Gelbsucht (Pulver), Schlankheits- u. Fruchtbarkeitspulver für Frauen; Hautleiden (mit Stiefmütterchen oder Holunderblättern); Blutreinigung, Nieren, Milz, Blase	6-8	Tee, Saft, Pulver
Engelsüß: Strunk		Bronchitis, Heiserkeit, Husten, Schleim, Verstopfung	ab 9	Kaltansatz
Erdrauch:		Galle, Leber, Hautleiden, Migräne, Verstopfung	5-9	Tee

GESUNDHEIT

Pflanze	Teil	Verwendung bei	Sammel monat	Verarbeitung
Eukalyptus-baum:		Bronchitis, Entzündungen des Nasen und Rachenraumes, Erkältungskrankheiten, Schnupfen, Rheuma	Apoth.	nur Öl
Faulbaum:		Verstopfung. Achtung erst im 2. Jahr verwenden!	Apoth.	Tee (100°)
Feigenbaum, echter:		Husten, Verstopfung		Früchte
Fenchel:	●	Bindehautentzündungen, Blähungen, Bronchitis, Husten, Lidrandentzündungen, Magenschmerzen,	8-9	Tee, Gewürz
Fette Henne:		Hühneraugen, Warzen	4-10	Auflage
Fichte:	Wipferl	Husten, Grippe, Gicht, Zahnpflege.	5	Tee, Sirup
Fieberklee:		Appetitlosigkeit, Fieber, Gallen- und Leberleiden, Magenbeschwerden, Migräne, Verdauungsschwäche	5-10	Tee
Flohsamen:		Bronchitis, Hautentzündungen, Husten, Verstopfung, Magen- und Darmschleimhautentzündungen	Reform	mit viel Wasser
Frauenmantel:		Durchfall, Eiterungen, klimakterische Beschwerden, Menstruationsbeschwerden, Mund- und Rachenentzündung, Weißfluß, Muskelstärkung	5-8	Tee, Aufguß
Gänseblümchen		Stoffwechsel, Haut, Leber, Bronchien, entgiftend	3-9	Tee, Tinkt.
Gänsefinger-kraut:		Durchfall, Entzündungen der Mundhöhle, Hämorrhoiden, Magen- und Darmschleimhautentzündungen, Wundheilung, Rheuma, Gicht, Zucker	5-8	Teeaufguß
Geißraute:		Ungenügende Milchsekretion	6-8	Teeaufguß
Gerste:	●	Geschwüre	7-8	Auflage
Ginkgobaum:		Durchblutungsstörungen, Gedächtnis	Apoth.	Pulv., Tinkt
Goldmelisse:		Blähungen, Menstruationsbeschwerden, Verdauungsstörungen, Krämpfe, beruhigend	6-10	Tee

Pflanze	Teil	Verwendung bei	Sammel monat	Verarbeitung
Goldrute:		Blasenentzündungen, Nierengrieß und -steine, Nierenleiden, Störungen der Harnabsonderung, Wundheilung, Halsentzündung	7 - 9	Tee, Öl
Gundermann: Gundelrebe		entschlackend, Schleimhäute, harntreibend, Leber, Galle, Ruhr, Mundfäule (gurgeln)	4 - 6	Tee
Habichtskraut		Blutarmut, Bronchitis	6 - 9	Tee
Hafer:		Durchfall (Suppe von geröstetem Korn), Ekzeme, Nieren- und Blasenleiden, Neuralgien, rheumatische Beschwerden, Schlafstörung, Magen, Depressionen,	7 - 9	Abkochung, Brei, Schleim
Hauhechel:		Blasen- und Harnröhrenentzündungen, Wassersucht, Steine, Nierenbeckenentzündungen, Arthritis	3 - 4 9 - 10	Abkochung Kaltauszug
Heckenrose:		rissige Haut, Hämorrhoiden	Somm.	Creme
Heidelbeere:		Durchfall, Mund- und Rachenentzündungen, Verdauungsstörungen bei Kindern, zusammenziehend	6 - 9	Abkochung Tinktur
Herzgespann:		nervöse Herzbeschwerden, klimakterische Beschwerden, Angstzustände	6 - 9	Tee 3 Monate
Himbeere		Magen, Darm, Schleimhäute, harntreibend, Zahnfleisch	5 - 7	Tee
Hirtentäschel:		Gebärmutterblutungen, Menstruationsstörungen, Krampfadern, Kreislauf, Reizblase	5 - 9	Tee
Holunder:		Erkältung, Rheuma, Harnwege, Magen, Neuralgien, Verstopfung (Rinde), Hals, Nerven, Fußschweiß	4 - 10 9 - 10	Tee, Beeren Kaltauszug
Hopfen: weibl.		nervöse Herzbeschwerden, nervöse Magenbeschwerden, nervöse Unruhe, Schlafstörungen, Migräne	9 - 10	Tee
Huflattich:		Bronchitis, Hautentzündungen, Husten, Asthma, Katarrhe der oberen Luftwege, Verbrennungen, Rotlauf	3 - 4 5 - 8	Tee Blattauflage
Ingwer:	Apoth.	Appetitlosigkeit, Blähungen, Verdauungsschwäche		Pulver

Pflanze	Teil	Verwendung bei	Sammel monat	Verarbeitung
Johannisbeere, schwarze:		Blasenleiden, Durchfall, Erkältungskrankheiten, Gicht Halsentzündungen, Vitamin-C-Mangel, Gefäße	6 - 8	Tee, Likör, Saft, roh
Johanniskraut:		Bettnässen, Drüsenschwellung, klimakterische Beschwerden, Krampfadern, Magenschleimhautentzündungen, Menstruationsbeschwerden, neuralg. und rheumatische Schmerzen, Nerven, Wetterfühligkeit, Ischias, Wunden, Geschwüre, Sonnenbrand, Hexenschuß	7 - 8	Öl, Tinktur, Aufguß
Kalmus:	Apoth.	Appetitlosigkeit, Erschöpfung und Schwäche, Gallenbeschwerden, Magenbeschwerden, Verdauungsstörungen		Pulver, Tinktur, Aufguß
Kamille:		Entzündungen des Mund-, Nasen- und Rachenraumes, Ekzeme, Hämorrhoiden, Weißfluß, Magenkrämpfe, Darmschleimhautentzündung, Zwölffingerdarmgeschwüre, Menstruationsbeschwerden, Schlaf losigkeit, Verdauungsstörungen, Wundheilung, kein Dauergetränk!	5 - 8	Tinktur, Aufguß, Bad
Kapuzinerkresse:	●	Bronchitis, grippale Infekte und Erkältungen, Infek tion der Harnwege, bildet Antikörper im Blut	6 - 10	Kaltansatz, roh, Kompresse
Klette, große:		Gelenkrheuma, Geschwüre, Haarausfall, Hautleiden, Kopfschuppen, Wundheilung	3 - 4 9 - 10	Kaltansatz, Abkochung
Knoblauch:	Zwiebel	Arteriosklerose, blutdruckregulierend, Würmer, Magen- und Darminfektionen, Immunsteigerung, Verdauungsstörungen; entgiftend, Hühneraugen	9 - 10	Kaltauszug, Öl, Tinktur, Saft
Königskerze, große:		Bronchitis, Entzündungen der oberen Luftwege, Reizhusten, Heiserkeit	6 - 9	Aufguß, Öl, Tinktur
Kornblume:		Nebenhodenentzündung, Fettsucht, Magen, Darm, Leber, Entzündungen allgemein	6 - 8	Aufguß, Bad, Salbe
Koriander:	●	produziert rote Blutkörperchen	7 - 8	Öl, Tee
Kümmel:	●	Blähungen, Darmstörungen, geringe Milchsekretion, Kolik, Appetitlosigkeit, Migräne, Kopf, Gewürz	6 - 8	Abkochung, Wickel

Pflanze	Teil	Verwendung bei	Sammel monat	Verarbeitung
Kürbis:	Kern	Blasenschwäche, Prostatabeschwerden, Würmer	7 - 8	Kern, Öl
Labkraut:		Blasenleiden, Hautleiden, Wasserstauungen, Leber, Nerven, beruhigend, mild	5 - 6	Aufguß, 30 Min.ziehen!
Latschenkiefer:	Apoth	Flechten		Öl
Lavendel:		Erschöpfungszustände, Herzbeschwerden, Kreislaufschwäche, Migräne, Nervosität, Darmkrämpfe, Kolik, Neuralgien, Schlaflosigkeit, Appetitlosigkeit	6 - 9	Aufguß, Öl, Bad, Kompresse
Lein:		Furunkel und Geschwüre, Gallensteine, Gürtelrose, Heiserkeit, Mund- und Rachenentzündungen, Magenschleimhautentzündung, Magenübersäuerung, rheumatische Schmerzen, Schuppenflechte, Verstopfung, Hämorrhoiden, Blasenkatarrh	6 - 9	Aufguß, Tinktur, Auflage
Liebstöckel:		Blasen- und Nierenleiden, Gewürz, Magenbeschwerden, Rheuma und Gicht, Wassersucht, Husten, Schleimlösend, Leber, Milz, herzstärkend	3 - 10	Tee, Wein, Gewürz
Linde:		Erkältungskrankheiten, grippale Infekte	6 - 7	Schwitztee
Löffelkraut:		Frühjahrskur, Mundschleimhaut, Zahnfleischbluten, Stoffwechselleiden, Skorbut, Rheuma	Frühj.	Geist, frisch
Löwenzahn:		Gelenkserkrankungen, chronische Hautleiden, Rheuma, Leber- und Gallenleiden, Nierensteine, Wassersucht, blutbildend, entgiftend, Husten, Verschleimung	3 - 5 4 - 6 9 - 10	Salat, Saft, Blütensirup Abkochung
Lungenkraut:		Bronchitis, Heiserkeit, Katarrh der oberen Luftwege	4 - 6	Aufguß
Mädesüß:		Blasen- und Nierenleiden, Fieber, Kopfschmerzen, Rheuma, Wassersucht, entgiftend	6 - 8 9 - 10	Aufguß, 20 Min. ziehen
Majoran:		Kopfschmerzen, Magen, Galle, Darm	7 - 9	Tee
Malve, wilde (Käsepappel):		Bronchitis, Ekzeme, Hautentzündungen, Weißfluß, Kehlkopf- und Stimmbänderentzündungen, Magen- und Darmschleimhautentzündungen, Mund- und Rachenentzündungen, Hämorrhoiden, Verschleimung	6 - 9	Teeaufguß, Milchaufguß Waschung

Pflanze	Teil	Verwendung bei	Sammel monat	Verarbeitung
Meerrettich: (Kren)		Blasen- und Nierenbeckenentzündung, Bronchialkatarrh, neuralgische und rheumatische Beschwerden, Verdauungsschwäche, Akne, Ischias, appetitanregend	7 - 10	Auflage, Essig, Gewürz
Meisterwurz:		Appetitlosigkeit, Bronchialasthma, Bronchialkatarrh, Magenbeschwerden, Verdauungsstörungen, zäher Schleim, Nierenleiden, Grippe	3 - 5 9 -10	Aufguß, Tinktur,
Melisse:		Blähungen, Herzbeschwerden, Magenleiden, Migräne, Menstruationsbeschwerden, Neuralgien, Unruhezustände, Schlafstörungen, Nerven	6 - 10	Pulver Tee, Bäder
Mistel:	Kraut	chronische Arthrosen, chronisches Rheuma, Kreislauf, Blutdruck regulierend, Nerven	3 - 4 10 - 1	Kaltauszug
Moos, Isländisches:	Apoth.	Appetittlosigkeit, Bronchitis, Reizhusten, Erschöpfungs- und Schwächezustände, Katarrhe der oberen Luftwege, Magenschleimhaut, Lungentuberkulose		Abkochung
Odermennig:		Durchfall, Gallen- und Leberleiden, Verdauungsstörungen, Kehlkopfentzündungen, Rheuma, Nerven, Blase, desinfizierend, schleimlösend, Monatsblutung	5 - 9	Teeaufguß, Abkochung, Tinktur
Osterluzei:		Fisteln, Furunkel und Geschwüre, Verbrennungen, Wunden, Rheuma, Schlangenbiß, menstruationsfördernd, Nagelbettentzündung und -eiterung	7 - 8,10	Pulver, Aufguß
Pestwurz:		Bronchitis, Entzündungen der Harnwege, Gallen- und Leberleiden, Hautleiden, Menstruationsstörungen, nervöse Magenbeschwerden, Wunden, Kopf, Husten	7 - 9 3 - 4 4 - 5	Aufguß, Auflage, Tinktur
Petersilie:		Blasen- und Nierensteine, Blasen- und Nierenentzündungen, Verdauungsstörungen, Wassersucht, Herz, Leber, Magenschleimhaut, desodorierend, Zahnschmerz	3 - 5	Aufguß, Auflage, Waschung
Pfefferminze:		Blähungen, Durchfall, Gallenbeschwerden, Magenschmerzen, Übelkeit, Brechreiz, Verdauung, Zwölffingerdarm, Leber, Regelbeschwerden, Migräne, Herz, Nerven, krampflösend, Schnupfen	5 - 8	Teeaufguß, Öl

Pflanze	Teil	Verwendung bei	Sammel monat	Verarbeitung
Pfingstrose:	ganz	Darm, Epilepsie, Gicht, Niere, Galle, Gelenksschmerz	6 - 7	Osmoseöl
Preiselbeere:		Niere, Harnwege, desinfizierend	7 - 9	Aufguß, Saft
Quitte:		Mund- und Halsentzündungen, Reizhusten, Verstopfung, Verbrennungen, kühlend, heilend	8 - 10	Gelee, Saft
Ringelblume:		Blutergüsse, Gallenbeschwerden, Geschwüre, Magen- und Darmstörungen, Hautleiden, Quetschungen und Zerrungen, Wunden, Zwölffingerdarm, Hämorrhoiden, Leber, Nerven, Kreislauf, Heuschnupfen, Jucken, entzündungshemmend	6 - 9	Aufguß, Bad, Salbe, Tinktur, Auflage
Rosmarin:		niedriger Blutdruck, nervöse Herzbeschwerden, nervöse Kreislaufbeschwerden, rheumatische und neuralgische Beschwerden, Schwäche und Erschöpfungszustände, Verdauungsstörungen, Wassersucht, Magen, Leber, anregend	4 - 7	Teeaufguß, Öl, Bad, Tinktur, Salbe, Wein
Roßkastanie:	unreif	Durchfall, Ödeme, Rheuma, Venenerkrankungen Krampfadern, Kreislauf, Hämorrhoiden, durchblutungsfördernd, zusammenziehend, entzündungshemmend	5 - 6,8	Tinktur, Salbe, Auflage
Salbei:		abstillen, hemmt Milchsekretion, Kehlkopfkatarrh, Entzündungen, Raucherhusten, starkes Schwitzen, Niere, Leber, Rheuma, Stoffwechsel, Magen, Galle, Asthma, Blase, Akne, Koliken,	5 - 9	Aufguß, Wein, Tinktur, Bad
Sanddorn:		Vitamin C-Mangel	Herbst	Sirup
Schafgarbe:		Appetitlosigkeit, Blähungen, Durchfall, Geschwüre, Gallenkoliken, Hämorrhoiden, Menstruationsbeschwerden, Verdauungsschwäche, Wundheilung, Leber, krampflösend, Gicht, blutfördernd, Wechselstörungen, Magen, Sodbrennen	5 - 10	Aufguß, Wein, Waschung
Schlehdorn:		Blasenleiden, Hautausschläge (Kinder), Verstopfung,	Frost	Abkochung
Schöllkraut:	Saft	Gallenblasenentzündungen, Gallensteine, Warzen, Magenschmerzen	4 - 11 5 - 6	äußerlich Tee innerl.

Pflanze	Teil	Verwendung bei	Sammel monat	Verarbeitung
Senf (schwarz)		Bronchitis, Brustfell- und Rippenfellentzündungen, Gelenksentzündungen, Ischias, Muskelschmerzen, Rheuma, Leberleiden, Geschwüre, Flechten, Erbrechen	Spätsom. jung	Auflage, Pflaster, Blattgemüse
Sonnenhut: (Echinacea)		Abszesse, Erkältungskrankheiten u. grippale Infekte, Unterschenkelgeschwüre, leichte Verbrennungen, Vorbeugung gegen Infektionen, langsam heilende Wunden; Tuberkulose, stärkt Immunsystem, Eiterungen, Geschwüre, Darm, Unterleib, Erfrierungen	7 - 8 10	Tinktur, Aufguß, Salbe
Spitzwegerich:		Bronchitis, Insektenstiche, Husten, Katarrhe, Magen- und Darmschleimhautentzündungen, Quetschungen, blutende Wunden, Entzündungen, desinfizierend, Thrombosen, offene Füße, Stiche, Ohren	4 - 9	Tee, Saft, Tinktur, Breiauflage, Sirup
Steinklee:		Blutergüsse, Gallen- und Magenbeschwerden, Gelenkschmerzen, Krampfadern, Quetschungen, Venenentzündungen, Harnwege, krampflösend, beruhigend, Darm, Augenentzündung	5 - 10	Aufguß, Auflage, Waschung
Stiefmütterchen, wildes:		Hautleiden, Säuglingsekzeme, harn-, schweißtreibend, Niere, Blase entgiftend, schleimlösend, hustenstillend,	5 - 10	Teeabkochung Waschung
Storchenschnabel:	ganz	Durchfall, Hautleiden, Mund- und Rachenentzündung, Nasenbluten, zusammenziehend, Entzündungen	5 - 8	Aufguß Blattauflage
Süßholzstrauch:	Apoth.	Husten, Magengeschwüre		Teeabkochung
Taubnessel, weiße:		Blasenleiden, Menstruationsbeschwerden, Weißfluß, entzündungshemmend, Blutgefäße	5 - 8	Aufguß, Tinktur
Tausendguldenkraut:		Appetitlosigkeit, Sodbrennen, Verdaungsstörungen, Leber, Galle, Magen, Blutarmut, Niere, Darm	6 - 10	Teeaufguß
Thymian:		Bronchitis, Erkältungskrankheiten, Kehlkopfkatarrh, Keuch- und Krampfhusten, Verdauungsstörungen, Nervosität, Depressionen, appetitanregend, Entzündungen	6 - 9	Tinktur, Sirup, Wein, Aufguß

Pflanze	Teil	Verwendung bei	Sammel monat	Verarbeitung
Wacholder:		Wirkt anregend auf die Nierentätigkeit, fördert den Harnfluß, Magen, Darm, fäulniswidrig, appetitanregend, Stoffwechsel, Wassersucht, weibl. Organe	Herbst	Öl, Teeaufguß, Inhalation
Waldmeister:		nervöse Schlaflosigkeiten, nervöse Unruhe, Verdauungsbeschwerden, Herz	5	Tee
Walnußbaum:		Ekzeme, Lidrandentzündungen, Magen- u. Darmstörungen, Gelbsucht, chron. Katarrhe	5 - 6	Tee, Waschung
Wegwarte:		Gallensteine, Gallenstau, Verdauungsschwäche, Darm, Leber, Nieren, Milz, Bauchspeicheldrüse	6 - 10	Tee
Weide:	Rinde v. Zweigen	Erkältungen und grippale Infekte, Fieber, Migräne und Kopfschmerzen, rheumatische und neuralgische Schmerzen	Frühl.	Kaltauszug
Weißdorn:		Altersherz, Angina Pectoris, Blutdruck ausgleichend, Herzrhythmusstörungen, Kreislaufstörungen, Gefäße	4 - 9 5 - 6,10	Tinktur, Tee
Weißkohl:		Hautentzündungen, langsam heilende Wunden, Magen- und Zwölffingerdarmgeschwüre, rheumatische und neuralgische Beschwerden	6 - 10	Saft, Auflage, Rohkost
Wermut:		allgemeine Schwäche, Blähungen, Magen- und Gallenbeschwerden, kreislaufsteigernd, Leber	6 - 9	Tee, Wein
Wundklee:		Magenbeschwerden, Verletzungen, Wunden, Husten	3 - 6	Teeaufguß
Zwiebel:	Zwiebel	Nieren, Husten, Hals, Gelenksabnutzungen, Rheuma Verbrennungen, Insektenstiche, Würmer	7 - 9	Teeabkochung Auflage

GEGEN JEDES ÜBEL IST EIN KRAUT GEWACHSEN

Krankheitsbilder und eine Auswahl natürlicher Heilmittel

Wählen sie intuitiv, auf welches Heilkraut sie ansprechen!

Abführmittel:	Alant, Apfel, Faulbaum, Hafer, Knoblauch, Lein, Meerrettich, Paprika
Abführmittel für Kinder:	Fenchel
Abgeschlagenheit:	Apfel, Baldrian, Hafer, Holunder, Johanniskraut, Kamille, Melisse
Abhärtung (gegen Krankheiten):	Brennessel, Hagebutten, Sanddorn, Schafgarbe, Tausendguldenkraut, Wacholder, Weinrebe, Weizen, Wirsing
Abmagerung (krankhafte):	Lein, Rettich
Abmagerungskur:	Täglich 30 Gramm Pektin (erhältlich in Reformhäusern)
Abstillen:	Brennessel
Abszeß:	Bockshornkleesamen, Brennessel, Kamille, Klette, Odermennig, Zinnkraut
Aftereinriß:	Kamille
Afterentzündung:	Eichenrinde, Kamille
Afterschmerzen:	Gartenrose
Akne:	Birke, Brennessel, Brunnenkresse, Kamille, Wegwarte, Kren, Thymian
Allgemeine Kräftigung:	Estragon, Kalmus, Lorbeerblätter, Rosmarin, Schafgarbe, Tausendguldenkraut, Wegwarte, Wermut, Frauenmantel (Muskeln)
Alterserscheinungen:	Ginseng, Löwenzahn, Weizen, Wirsing, Knoblauch, Weißdorn
Amputationsstumpf (Folgen):	Beinwurz, Schwertlilie, Zwiebel
Anämie:	Johannisbeeren (schwarze), Kirschen, Nüsse
Angina (Mandelentzündung):	Eibisch, Holunder, Huflattich, Kamille, Salbei
Appetitlosigkeit:	Alant, Bitterklee, Beifuß, Basilikum, Bohnenkraut, Dill, Enzian, Knoblauch, Kümmel, Tausendguldenkraut, Wacholder, Wermut, Zwiebel
Arterienverkalkung:	Arnika, Artischocke, Bärlauch, Faulbaum, Johannisbeere (schwarze), Knoblauch, Mistel, Stiefmütterchen, Weizen, Wirsing, Weißdorn, Zinnkraut
Asthma:	Alant, Eibisch, Fenchel, Holunder, Huflattich, Schöllkraut, Spitzwegerich, Thymian,
Atembeschwerden:	Arnika, Hederich, Herzgespann, Weißdorn
Atem (übelriechend):	Anis, Kümmel, Petersilie
Atem (verschleimt):	Brennessel, Fichte, Hederich, Holunder, Knoblauch, Zwiebel
Aufregung (hochgradige):	Weinrebe, Weißdorn
Aufstoßen:	Anis, Enzian, Pfefferminze, Quitte, Tausendguldenkraut, Vogelknöterich, Weizen, Wermut
Augenentzündung:	Augentrost, Dill, Eibisch, Himbeere, Königskerze, Leinkraut, Spitzwegerich, Mercurius (=Homöopathie)
Augenentzündung (bei Neugeborenen):	Bärlapp, Eibisch
Augenentzündung (Skrofulose):	Schöllkraut, Tausendguldenkraut
Augenflimmern:	Gartenrose

GESUNDHEIT

Augengeschwüre:	Augentrost, Hauswurz
Augenkatarrh:	Augentrost, Eiche
Augenstärkung:	Augentrost, Heidelbeere, Küchenschelle
Bauchspeicheldrüsenerkrankung:	Mistel, Paradeis, Schwertlilie, Tausendguldenkraut
Belebende Mittel:	Borretsch, Enzian, Esche, Hafer, Kamille, Melisse, Sanddorn
Beruhigende Mittel:	Anis, Kamille, Thymian
Bettnässen:	Bärlapp, Brennessel, Hafer, Johanniskraut, Lein, Mistel, Schafgarbe, Zinnkraut
Bindehautentzündung:	Augentrost
Bißwunden:	Anis, Spitzwegerich
Bißwunden (vom Hund):	Geißblatt, Knoblauch
Bißwunden (Schlange):	Knoblauch
Blähungen:	Baldrian, Dill, Enzian, Fenchel, Kalmus, Knoblauch, Kümmel, Pfefferminze, Wermut, Zwiebel
Blasenentzündung:	Bärentraube, Hauhechel, Kamille, Löwenzahn
Blasenleiden (allgemein):	Bärentraube, Goldrute, Hauhechel, Löwenzahn, Sellerie, Wacholder, Weide, Birke, Bruchkraut
Blasenschwäche:	Lein, Petersilie, Quecke, Schafgarbe, Zinnkraut
Blinddarmreizung:	Brombeere, Thymian
Blutdruck (zu hoher):	Bärlauch, Berberitze, Knoblauch, Mistel
Blutdruck (zu niedriger):	Mistel, Rosmarin
Bluterguß:	Arnika, Beinwell, Johanniskraut, Melisse, Steinklee
Blutreinigende Mittel:	Birke, Brennessel, Brunnenkresse, Löwenzahn, Sellerie, Stiefmütterchen, Wacholder
Blutspucken:	Bärlapp, Beinwell, Fenchel
Blutstillende Mittel:	Brennessel, Ehrenpreis, Eiche, Lärche, Linde
Blutungen (innere):	Eiche, Lärche, Schafgarbe, Weinrebe, Zinnkraut
Blutvergiftung:	Arnika, Eiche, Knoblauch
Blutverlust (starker):	Beinwell, Zinnkraut
Brandwunden:	Apfel, Brennessel, Eibisch, Hauswurz, Holunder, Huflattich, Johanniskraut, Klette, Spitzwegerich, Weinrebe
Brechmittel (bei Vergiftung):	Stiefmütterchen, Weinrebe
Brechreiz:	Pfefferminze, Schöllkraut
Bronchitis:	Bibernelle, Eibisch, Fichte, Heckenrose, Holunder, Huflattich, Kamille, Linde, Salbei, Seifenkraut, Sonnenhut, Spitzwegerich, Thymian, Weide, Zwiebel, Anis, Isländisches Moos, Kastanienblätter, Ysop, Vogelknöterich, Süßholz, Taubnesselblüten, Veilchen (wohlriechendes), Schlüsselblume (Apotheke, da geschützt)
Brüche:	Beinwell, Eiche, Königskerze, Wermut
Brustfellentzündung:	Beinwell, Huflattich, Zinnkraut, Zwiebel
Cholera:	Knoblauch
Darmblutung:	Hirtentäschelkraut, Weizen, Zwiebel
Darmentgiftung:	Apfel, Eiche, Faulbaum, Knoblauch, Tausenguldenkr., Brennessel
Darmentzündung:	Alant, Brombeere, Eiche, Holunder, Kamille, Quitte, Zwiebel
Darmgeschwüre:	Breitwegerich, Brennessel, Eiche, Kamille, Tausendguldenkraut
Darmkatarrh:	Apfel, Eiche, Enzian, Kalmus, Kamille, Linde, Mistel, Tausendguldenkraut, Wacholder, Weizen, Zwiebel

Darmkolik:	Dill, Enzian, Hafer, Johanniskraut, Kamille, Lein, Pfingstrose, Sauerdorn (Berberitze), Spitzwegerich
Darmkolik (bei Kindern):	Majoran, Weizen
Darmkrankheit (allgemein):	Alant, Apfel, Bitterklee, Eiche, Enzian, Faulbaum, Fenchel, Hafer, Kalmus, Kamille, Kartoffel, Knoblauch, Kümmel, Lein, Malve, Pfefferminze, Tausendguldenkraut, Kreuzdornbeeren, Rhabar- berwurzel
Darmträgheit:	Hauhechel, Holunder, Hopfen, Johannisbeere (rote), Tausendguldenkraut, Thymian, Weinrebe, Weizen
Darmverschluß:	Holunder, Tausendguldenkraut, Weizen (Arzt!!!)
Desinfizierende Mittel:	Knoblauch, Weinrebe
Dickdarmentzündung:	Brombeere, Eibisch, Heidelbeere, Holunder, Kamille, Knoblauch
Drüsenkrankheiten:	Dill, Quecke, Ringelblume, Spitzwegerich
Dünndarmentzündung:	Knoblauch
Durchblutungsstörungen:	Rosmarin, Weißdorn, Ackerschachtelhalm, Ginkgobaum, Kiefernbad
Durchfall:	Alant, Apfel, Bohnenkraut, Brennessel, Brombeere, Eibisch, Eiche, Lein, Linde, Spitzwegerich, Süßholz, Frauenmantel, Heidelbeere, Nelkenwurz
Durchfall (bei Kindern):	Weizen
Durchfall (bei Säuglingen):	Brombeere, Eibisch, Kamille
Durststillende Mittel:	Apfel, Hauswurz, Johannisbeere (rote), Meisterwurz, Rhabarber, Sauerklee
Eierstockentzündung:	Zwiebel, Frauenmantel
Einschlafbereitschaft (Förderung)	Baldrian, Hopfen, Melisse, Passionsblume, Pomeranzenblüten, Waldmeister
Eiterentziehende Mittel:	Beinwell, Eiche, Quecke, Ringelblume
Ekzeme (allgemein):	Apfel, Birke, Brennessel, Brunnenkresse, Malve, Kamille, Klette, Odermennig, Wegwarte, Zinnkraut
Entschlackende Mittel:	Brennessel, Brunnenkresse, Löwenzahn, Sellerie, Stiefmütterchen, Wacholder
Entwässerung:	Basilikum, Birkenblätter, Bohnenschalen, Brennessel, Brunnenkresse, Dill, Goldrute, Hauhechel, Liebstöckel, Löwenzahn, Mate, Meisterwurz, Queckenwurzel, Ringelblumen, Schlehenblüten, Wacholderbeeren
Entzündungshemmende Mittel:	Bärlapp, Beinwurz, Eiche, Huflattich, Kamille, Königskerze, Lein, Salbei, Schafgarbe
Epilepsie:	Knoblauch, Lavendel, Linde, Majoran, Mistel, Safran, Salbei, Weinrebe
Erbrechen:	Dill, Eiche, Linde, Weinrebe
Erkältungen:	Bibernelle, Eibisch, Heckenrose, Holunder, Huflattich, Kamille, Linde, Salbei, Seifenkraut, Sonnenhut (Echinacea), Eukalyptus, Hagebutten, Spitzwegerich, Thymian, Weide, Zwiebel
Erschöpfung (körperliche):	Enzian, Ginseng, Hafer, Heidelbeere, Sanddorn, Tausendguldenkraut
Erschöpfung (nervliche):	Baldrian, Melisse, Schafgarbe, Stiefmütterchen, Chinarinde, Lavendelbad
Fäulniswidrige (antisept.) Mittel:	Beinwell, Knoblauch, Paprika, Wacholder, Zwiebel

Fettsucht:	Apfel, Holunder, Löwenzahn, Sellerie, Tausendgüldenkraut, Wermut, Zinnkraut
Fiebersenkende Mittel:	Apfel, Brunnenkresse, Ehrenpreis, Enzian, Esche, Johannisbeere (rote), Pfefferminze, Sauerdorn, Thymian, Weide, Weinrebe, Mädesüß, Stechpalme, Weide
Fingernägel (brüchige):	Hirse, Zinnkraut, Zitronenschale (Einreibung)
Fingernagelbett (entzündet):	Kamille, Wirsing, Zwiebel
Fisteln:	Birke, Brennessel, Kamille, Lein, Odermennig, Wegwarte, Zinnkraut
Flechten:	Brennessel, Brombeere, Brunnenkresse, Kamille, Klette, Löwenzahn, Wacholder, Weinrebe, Weizen, Zinnkraut
Fleisch (wildes):	Eiche, Heidelbeere
Frauenbeschwerden:	Eisenkraut, Frauenmantel, Gänsefingerkraut, Herzgespann, Hirtentäschel, Römische Kamille, Melisse
Frostbeulen:	Eiche, Hafer, Kalmus, Kartoffel, Roßkastanie
Frühjahrsmüdigkeit:	Brennessel, Heidelbeere, Holunder, Löwenzahn, Sellerie
Furunkel:	Arnika, Bärlapp, Brennessel, Eibisch, Kamille, Klette, Odermennig, Ringelblume, Weizen, Wirsing
Füße (geschwollene):	Eiche, Hafer, Huflattich
Füße (kalte):	Hafer, Kalmus, Mistel, Wacholder
Füße (offene):	Roßpappel, Ringelblume, Kohlblatt, Huflattichblatt, Pestwurz
Füße (schweißende):	Hafer, Eiche, Kamille, Weide
Fußpilz:	Kamille
Gallenleiden:	Artischocke, Beifuß, Bitterklee, Hafer, Kamille, Leberblümchen, Löwenzahn, Pfefferminze, Rettich, Schöllkraut, Tausendguldenkraut, Wegwarte, Weizen, Kümmel, Mariendistelfrüchte, Odermennig, Wermut, Erdrauch
Gallensteine:	Artischocke, Löwenzahn, Pestwurz, Schöllkraut, Wegwarte
Gärungswidrige Mittel:	Anis, Fenchel, Heidelbeere, Kalmus, Knoblauch, Petersilie, Schafgarbe, Thymian, Wacholder, Wermut
Gase (im Magen und im Darm):	Kalmus, Kamille, Paprika, Tausendguldenkraut, Wermut
Gebärmutterblutung:	Hirtentäschelkraut, Mistel, Safran, Schafgarbe, Ziestkraut
Gebärmutterkrämpfe:	Johanniskraut, Kamille, Lein, Majoran, Schafgarbe
Gebärmuttervorfall:	Quitte
Geburtserleichternde Mittel:	Brombeere, Kümmel, Lavendel, Pfefferminze, Safran
Gedächtnisstärkende Mittel:	Kalmus, Kamille, Melisse, Rosmarin
Gefäßerweiterung:	Arnika, Knoblauch, Rosmarin, Weißdorn
Gefäßverengung:	Hirtentäschelkraut
Gehirnerschütterung:	Arnika
Gelbsucht:	Alant, Artischocke, Berberitze, Eiche, Hauhechel, Lein, Mistel, Schöllkraut, Wacholder, Waldmeister, Wegwarte, Wermut, Ziestkraut
Gelenksentzündung:	Fichte, Stiefmütterchen
Gelenksschmerzen:	Bärlapp, Fichte, Quecke, Stiefmütterchen, Weizen, Heublumen
Gerstenkorn:	Kamille, Lein, Zinnkraut
Geruchssinn (fehlender):	Schöllkraut
Geschwüre:	Bärlapp, Beinwell, Dill, Eiche, Fenchel, Hauswurz, Huflattich, Kalmus, Kamille, Klette, Lein, Pfefferminze, Salbei, Spitzwegerich, Wacholder, Weinrebe, Zinnkraut, Zwiebel

Geschwulst:	Apfel, Beinwell, Dill, Lein, Wacholder
Gesichtsrose:	Beinwell, Hauswurz, Himbeere, Weinrebe
Gesichtsschmerzen (neuralgisch):	Königskerze, Wirsing
Gicht:	Arnika, Beinwell, Brennessel, Löwenzahn, Raute, Salbei, Schöllkraut, Wacholder, Weide, Zwiebel; Apis, Ledum, Sulfur (Homöopathie)
Gleichgewichtsstörungen:	Johanniskraut
Gliederschmerzen:	Majoran, Odermennig
Gliederschwere:	Lavendel, Paprika
Gliederstärkung:	Quendel, Lavendel
Grind (Schorf):	Brennessel, Kamille, Klette, Odermennig, Wegwarte
Grippe:	Bibernelle, Eibisch, Heckenrose, Holunder, Huflattich, Kamille, Linde, Salbei, Seifenkraut, Sonnenhut, Spitzwegerich, Thymian, Weide, Zwiebel, Lindenblüte
Gurgelmittel:	Eibisch, Salbei, Weide, Eichenrinde
Haarausfall:	Birke, Brennessel, Kalmus, Klette, Wegwarte, Zinnkraut, Zwiebel
Haare (brüchige):	Birke, Hirse, Zinnkraut
Haarschuppen:	Brennessel
Hals-Rachen-Entzündungen:	Bärlapp, Fenchel, Heidelbeere, Knoblauch, Königskerze, Quitte, Zwiebel; zum Gurgeln: Dost, Eibisch, Kamille, Lein, Salbei, Eichenrinde
Halsgeschwüre:	Quitte
Halsschmerzen:	Fenchel, Gerste, Pfefferminze, Weizen, Zwiebel, Eichenrinde, Salbei
Hämorrhoiden:	Apfel, Bärlapp, Berberitze, Eiche, Kamille, Lein, Quecke, Roßkastanie, Schöllkraut, Spitzwegerich, Schafgarbe (Dampfbad), Zaubernuß (Umschläge), Gänsefingerkraut (Umschläge)
Hände (geschwollene):	Zwiebel
Hände (kalte):	Hafer, Kalmus, Mistel, Wacholder
Hände (rauhe):	Gerste, Lein, Schafgarbe, Weinrebe
Hände (schweißende):	Eiche, Kamille, Weide
Harnentleerung (schmerzhafte):	Bärlapp, Brennessel, Eibisch, Fenchel, Salbei, Schafgarbe, Stiefmütterchen, Zinnkraut, Goldrute
Harntreibende Mittel:	Birke, Brunnenkresse, Dill, Gerste, Kalmus, Kerbel, Klette, Lein, Löwenzahn, Rosmarin, Berberitze, Sellerie
Harnwegsinfektion:	Bärentraubenblätter, Heidelbeerblätter, Preiselbeerblätter, Preiselbeersaft
Hautausschläge:	Birke, Brennessel, Brunnenkresse, Kamille, Klette, Odermennig, Wegwarte, Zinnkraut, Meerrettich, Thymian
Hautausschläge (nässende):	Bärlapp, Hauswurz, Mariendistel, Kamille
Hauterkrankung (allgemein):	Hafer, Kamille, Klette, Löwenzahn, Berberitze, Schafgarbe, Stiefmütterchen
Haut (unreine):	Alant, Birke, Brennessel, Brombeere, Eiche, Klette, Knoblauch, Wegwarte, Walnußblätter, Frauenmantel, Goldrute, Queckenwurzel
Heiserkeit:	Apfel, Fenchel, Hederich, Huflattich, Kiefer, Pfefferminze, Eibischwurzel, Isländisches Moos, Quendel, Stiefmütterchen, Süßholz
Herzbeschwerden (nervöse):	Arnika, Baldrian, Borretsch, Herzgespann, Rosmarin, Weißdorn, Lavendel

Herzbräune (Angina Pectoris):	Schafgarbe, Weißdorn
Herzinfarkt:	Lein
Herzklopfen (nervöses):	Borretsch, Lavendel
Herzkrankheiten (als Folge schlechter Durchblutung):	Arnika, Weißdorn
Herzmuskelschwäche:	Arnika, Lavendel, Weißdorn, Zwiebel
Herzstärkende Mittel:	Borretsch, Enzian, Knoblauch, Mistel, Weißdorn, Zwiebel, Herzgespann, Rosmarin
Herzstörungen (Rhythmusstör.):	Hopfen, Knoblauch, Mistel
Heuschnupfen:	Augentrost, Gartenrose, Heckenrose, Lein, Linde
Hexenschuß:	Arnika, Hafer, Holunder, Johanniskraut, Kamille, Odermennig, Brennessel
Hodenentzündung:	Bärlapp
Hüftgelenksschmerzen:	Hederich, Thymian, Weinrebe
Hühneraugen:	Hauswurz, Schöllkraut, Weizen, Zwiebel, Knoblauch, Fette Henne
Hustenanfälle:	Andorn, Bibernelle, Eibisch, Fenchel, Holunder, Huflattich, Linde, Seifenkraut, Sonnenhut, Spitzwegerich, Königskerze, Thymianbad, Zwiebeltee
Hysterie:	Baldrian, Enzian, Lavendel, Melisse, Stiefmütterchen, Ziestkraut
Infektionskrankheiten:	Knoblauch, Sonnenhut, Kamille
Influenza:	Arnika, Enzian, Holunder, Lindenblüten
Inhalationsmittel:	Huflattich, Kiefer, Thymian, Wacholder, Kamille
Insektenstiche:	Anis, Eibisch, Hauswurz, Knoblauch, Salbei, Zwiebel
Ischias:	Holunder, Paradeis, Wacholder, Brennessel
Juckreiz:	Eiche, Kamille, Stiefmütterchen
Karbunkel:	Eibisch
Katarrh:	Holunder, Sauerdorn, Spitzwegerich, Zwiebel,Thymian
Kehlkopfentzündung:	Bibernelle, Haselwurz; zum Gurgeln: Bibernelle, Malve, Salbei
Kehlkopferkrankungen:	Heidelbeere, Salbei
Keimtötende Mittel:	Kamille, Lavendel, Thymian, Wacholder, Weinrebe, Spitzwegerich
Keuchhusten:	Eibisch, Fenchel, Himbeere, Johannisbeere (schwarze), Knoblauch, Königskerze, Rettich, Spitzwegerich, Thymian
Kieferknochenentzündung:	Beinwurz
Klimakteriumsbeschwerden:	Herzgespann, Frauenmantel, Johanniskraut, Wanzenkraut
Klistiermittel:	Eibisch, Eiche, Kamille, Kartoffel, Kümmel, Lein, Pfefferminze, Tausendguldenkraut, Weizen, Kamille
Kniegelenkserkrankung:	Heublumen, Roßkastanie
Knochenbrüche:	Arnika, Beinwell
Knochenentzündung:	Beinwell, Heublumen
Knochenschmerzen:	Beinwell, Heublumen
Kolik:	Bärlapp, Gerste, Heidelbeere, Johannisbeere (schwarze), Kamille, Knoblauch, Thymian, Weißdorn, Pfingstrose
Kopfschmerzen (allgemeine):	Baldrian, Johanniskraut, Kamille, Lavendel, Melisse, Rettich, Rosmarin, Wacholder, Wegwarte
Kräftigungsmittel:	Alant, Baldrian, Hafer, Holunder, Hopfen, Melisse, Sanddorn, Tausendguldenkraut, Weißdorn, Wermut, Frauenmantel, Olive
Krampfadern:	Arnika, Bärlapp, Majoran, Mistel, Roßkastanie, Ziestkraut

Krampflösende Mittel:	Fenchel, Kamille, Lein, Melisse, Pfefferminze, Salbei, Schöllkraut, Thymian
Krätze:	Faulbaum, Kamille, Salbei, Stiefmütterchen, Wacholder
Kreislaufstärkende Mittel:	Baldrian, Hirtentäschelkraut, Holunder, Weißdorn
Kreislaufstörungen:	Arnika, Hafer, Hirtentäschelkraut, Holunder, Lavendel, Lavendelbad, Mistel, Rosmarin, Schafgarbe, Tausendguldenkraut, Weinrebe, Weißdorn, Weizen
Kreuzschmerzen:	Baldrian, Brennessel
Kühlende Mittel:	Hauswurz, Weinrebe, Erdnußöl
Lähmungserscheinungen:	Hafer, Lavendel, Rosmarin, Thymian
Leberentzündung:	Artischocke, Kamille, Löwenzahn, Mariendistel, Salbei, Wermut
Leberleiden (allgemein):	Artischocke, Brennessel, Enzian, Kamille, Löwenzahn, Pfefferminze, Quecke, Schöllkraut, Tausendguldenkraut, Mariendistelfrüchte, Schafgarbe, Champignons (roh)
Leukämie:	Sandelholzduft (Öl) unterstützend zur Mehrung roter Blutkörperchen
Liegeschmerzen:	Quitte, Weinrebe
Lungenasthma:	Spitzwegerich
Lungenkrankheiten (allgemein):	Andorn, Bergkiefer, Leberblümchen, Odermennig, Salbei, Spitzwegerich, Zinnkraut, Zwiebel
Lungenentzündung:	Beinwurz, Holunder, Huflattich, Schöllkraut, Thymian
Magenbeschwerden (nervöse):	Majoran, Hopfen, Melisse, Pomeranze
Magenbluten:	Beinwurz, Brennessel, Brombeere, Hirtentäschelkraut, Kamille, Schafgarbe (Arzt!)
Magendrücken:	Enzian, Kamille, Majoran, Tausendguldenkraut, Weizen, Wermut
Magen-Darm-Katarrh:	Heidelbeere, Herzgespann, Kamille, Sauerdorn, Thymian, Wacholder
Magenentzündung (Gastritis):	Kamille, Königskerze, Salbei, Wacholder, Eiche, Hafer, Johanniskraut, Tausendguldenkraut, Weizen
Magengeschwüre:	Beinwurz, Breitwegerich, Eiche, Hafer, Schöllkraut, Wacholder, Lein, Süßholz, Weißkohl
Magenkolik:	Brennessel, Dill, Enzian, Kamille, Kümmel, Majoran, Pfefferminze, Sauerdorn, Weizen, Wermut, Zwiebel
Magen (verdorbener):	Apfel, Johannisbeere (rote), Pfefferminze, Wacholder, Weizen, Angelikawurzel, Eibisch, Gänsefingerkraut, Fenchel, Odermennig, Wermut
Magersucht:	Eiche
Malaria:	Berberitze, Schafgarbe
Mandelentzündung:	siehe Angina
Masern:	Holunder
Mastdarmbeschwerden:	Weizen
Menstruationsbeschwerden:	Johanniskraut, Kamille, Mistel, Tausendguldenkraut, Thymian, Wacholder, Wermut, Ziestkraut, Zinnkraut, Frauenmantel
Migräne:	Baldrian, Johannisbeere (schwarze), Lavendel, Linde, Majoran,
Menstruation (fördernd):	Baldrian, Brennessel, Enzian, Estragon, Fenchel, Kalmus, Kümmel, Lavendel, Linde, Wacholder

Menstruation (übermäßige):	Beinwell, Brennessel, Gartenrose, Hirtentäschelkraut, Schafgarbe, Wirsing, Zinnkraut
Milchabsonderung bei Stillenden (zu geringe):	Fenchel, Kümmel, Geißraute, Bockshornklee, Malve
Milzleiden:	Brennessel, Fenchel, Quecke, Wegwarte, Weizen, Wermut
Mitesser:	Weizen
Mundbläschen:	Klette, Odermennig
Mittelohrentzündung:	Hauswurz, Holunder, Spitzwegerich (Pfropfen)
Mundgeruch:	Dill, Erdbeere, Wacholder, Wermut, Petersilie
Mundhöhlenentzündung:	Bärlapp, Gartenrose
Mundschleimhautentzündung:	Eibisch, Salbei
Muskelkater:	Gänseblümchen, Majoran
Muskelkrämpfe:	Majoran
Nachtschweiß:	Salbei
Nagelbettentzündung:	Arnika, Kamille, Kohl, Zwiebel, Osterluzei
Nasenbluten:	Bärlapp, Hirtentäschelkraut, Mistel, Safran, Sauerdorn, Schafgarbe, Weinrebe, Zinnkraut, Zwiebel
Nervosität:	Baldrian, Hopfen, Johanniskraut, Lavendel, Melisse
Nervenstärkende Mittel:	Apfel, Baldrian, Hopfen, Johanniskraut, Kalmus, Knoblauch, Melisse, Pfefferminze, Schafgarbe, Sellerie, Thymian, Weißdorn, Ziestkraut, Zwiebel, Lavendel, Pomeranzenblüten, Rosmarin, Passionsblume
Nervenverletzungen:	Johanniskraut
Nesselsucht:	Brennessel, Lein, Linde
Neuralgien:	Baldrian, Holunder, Kamille, Rettich, Roßkastanie, Schafgarbe, Spitzwegerich, Weide, Rosmarin, Lavendel
Nieren- u. Blasenleiden:	Katzenbart, Goldrute, Petersilie
Nierenbeckenentzündung:	Hagebutten, Liebstöckel, Zinnkraut, Preiselbeere
Nierenentzündungen:	Beinwell, Brennessel, Eiche, Hauhechel, Heckenrose, Wacholder, Wermut, Zinnkraut
Nierenkolik:	Sauerdorn
Nierenleiden (allgemein):	Bärentraube, Birke, Hirtentäschelkraut, Schafgarbe, Schöllkraut, Löwenzahn, Wacholder, Weizen, Goldrute, Kürbissamen, Zinnkraut
Ohnmacht:	Arnika, Enzian, Kamille, Lavendel, Lein, Roßkastanie
Ohrensausen:	Bärlapp, Mistel, Ysop
Ohrenschmerzen:	Anis, Hauswurz, Holunder, Huflattich, Knoblauch, Schafgarbe, Spitzwegerich, Veilchen, Ysop
Prostatabeschwerden:	Alpenrose, Goldraute, Kürbiskern
Quetschungen:	Beinwell, Enzian, Johanniskraut, Melisse, Thymian, Wermut
Rachenbläschen:	Klette
Rachenkatarrh:	Heidelbeere, Huflattich, Kamille, Pfefferminze, Salbei
Reizblase:	Löwenzahn
Rheuma:	Apfel, Arnika, Beinwell, Brennessel, Lein, Löwenzahn, Raute, Salbei, Sauerdorn, Schafgarbe, Wacholder, Weide, Teufelskralle, weißer Senf (äußerlich)
Rippenfellentzündung:	Beinwurz, Huflattich, Zinnkraut, Zwiebel
Röte der Haut:	Hauswurz, Huflattich, Wegwarte, Kohl
Rückenmarkkräftigende Mittel:	Weinrebe

Rückenmarkschmerzen:	Johanniskraut
Ruhr:	Apfel, Arnika, Beinwell, Eibisch, Eiche, Kalmus, Knoblauch, Linde, Zwiebel
Scharlach:	Bärlapp, Holunder
Scheidenentzündung:	Kamille
Schilddrüsenüberfunktion:	Baldrian, Eiche, Mistel, Zwiebel
Schläfrigkeit:	Brunnenkresse, Ginseng, Johanniskraut, Lavendel
Schlaflosigkeit:	Baldrian, Brombeere, Dill, Hafer, Holunder, Hopfen, Johanniskraut, Kalmus, Kamille, Knoblauch, Melisse, Rettich, Thymian, Waldmeister, Mohn
Schlaganfall:	Arnika, Lavendel, Safran, Weinrebe, Ysop
Schleimhautentzündung:	Kamille, Quitte
Schleimlösende Mittel:	Alant, Brennessel, Enzian, Fenchel, Huflattich, Löwenzahn, Salbei, Spitzwegerich, Thymian, Wegwarte
Schmerzstillende Mittel:	Arnika, Johanniskraut, Kamille, Königskerze, Lein, Linde, Pfeffer minze, Safran, Schöllkraut, Thymian, Weide
Schnupfen:	Holunder, Lein, Majoran, Schafgarbe, Linde, Pfefferminze
Schüttelfrost:	Heublumen
Schüttellähmung:	Sauerklee
Schwammerlvergiftung:	Arnika, Eiche, Hederich, Wermut
Schwangerschaft:	Während dieser Zeit muß besonders auf den Kalkhaushalt geachtet werden. Täglich morgens 5 Calzium-Phosphoricum (Schüßler- salz) weiters enthalten Kalk: Apfelsinen, Bohnen, Linsen. Kopfsalat, Möhren, Spinat, Wal- u. Haselnüsse sowie Fische und Quark.
Schweißtreibende Mittel:	Himbeere, Holunder, Klette, Linde, Löwenzahn, Salbei, Schöllkraut, Stiefmütterchen, Weide
Schwellungen (Ödeme):	Hauhechel, Holunder
Schwellungen:	Thymian
Schwerhörigkeit:	Lavendel, Rosmarin
Schwielen:	Zwiebel
Schwindelgefühle:	Johanniskraut, Knoblauch, Lavendel, Majoran, Mistel, Schafgarbe
Schwitzen (übermäßiges):	Brennessel, Eiche, Kamille, Salbei, Weide
Sehnenentzündung:	Tanne
Seitenstechen:	Baldrian, Enzian, Johanniskraut, Lein, Salbei
Seuchenvorbeugende Mittel:	Knoblauch
Sexuelle Störungen:	Weizen, Zwiebel
Skorbut:	Apfel, Birke, Brunnenkresse, Estragon, Hederich, Himbeere, Hopfen, Johannisbeere (rote), Kartoffel, Löffelkraut, Sanddorn, Sauerklee, Tanne, Zwiebel.
Skrofulose:	Bärlapp, Brunnenkresse, Eiche, Farn, Holunder, Huflattich, Kalmus, Löwenzahn, Odermennig, Schöllkraut, Stiefmütterchen, Tausendguldenkraut, Ysop
Sodbrennen:	Brennessel, Enzian, Gerste, Kartoffel, Sauerklee, Wacholder, Weinrebe, Weizen, Wermut, Zwiebel
Sommerdiarrhöe (Durchfall):	Tausendgüldenkraut, Weizen
Sonnenbrand:	Johanniskraut, Roßkastanie
Spannung:	Melisse, Pomeranze, Waldmeister

Star (grauer):	Schöllkraut, Zwiebel
Star (grüner):	Augentrost, Eberesche
Stärkende Mittel:	Hafer, Löwenzahn, Rhabarber, Ysop
Stärkende Mittel (nach Krankheiten):	Gerste, Weinrebe, Oliven
Sterilität (bei Frauen):	Rosmarin, Karotten (Vitamin A + E)
Stimme (rauhe):	Knoblauch
Stirnhöhlenkatarrh:	Pfefferminze
Stockschnupfen:	Majoran
Stoffwechselfördernde Mittel:	Alant, Apfel, Bitterklee, Brunnenkresse, Enzian, Kalmus, Löwenzahn, Mistel, Stiefmütterchen, Wacholder, Weinrebe, Wermut
Stoffwechselstörungen:	Salbei, Wacholder, Weinrebe, Wermut
Streß:	Vanilleduft (Öl)
Trigeminusneuralgie:	Holunder, Kamille
Thrombose:	Roßkastanie
Tuberkulose (Gehirn):	Knoblauch
Tuberkulose (Haut):	Knoblauch, Roßkastanie, Schöllkraut, Zinnkraut
Tuberkulose (Knochen):	Hafer, Knoblauch
Tuberkulose (Lungen):	Bärlapp, Beinwell, Brennessel, Brunnenkresse, Eibisch, Holunder, Knoblauch, Lungenkraut, Odermennig, Rosmarin, Sonnentau, Spitzwegerich, Tanne, Wacholder, Zinnkraut
Tumor:	Roßpappel, Zinnkraut, Mistel (Arzt!)
Typhus:	Heidelbeere, Knoblauch, Zinnkraut (Arzt!)
Überempfindlichkeit (Haut):	Kamille
Übelkeit:	Pfefferminze, Artischocke, Nelkenwurz
Überforderung:	Hafer, Honig-Brei
Unruhe (nervöse):	Kamille, Kalmus, Hopfen
Unterleibsbeschwerden:	Waldmeister, Wermut, Zwiebel, Frauenmantel
Unterschenkelgeschwüre:	Huflattich, Kamille, Mistel, Ringelblume, Kohlblatt
Venenentzündung:	Arnika, Huflattich, Ringelblume, Roßkastanie
Venenstauung:	Arnika, Roßkastanie
Verbrennungen:	Apfel, Brennessel, Eibisch, Holunder, Huflattich, Johanniskraut, Klette, Königskerze, Lein, Linde, Spitzwegerich
Verdauungsfördernde Mittel:	Alant, Apfel, Bitterklee, Eiche, Enzian, Fenchel, Hafer, Kalmus, Kamille, Kümmel, Lein, Meerrettich, Paprika, Pfefferminze, Rhabarber, Schafgarbe, Tausendguldenkraut, Zwiebel
Verdauungsbeschwerden:	Enzian, Heidelbeere, Hopfen, Knoblauch, Kümmel, Petersilie, Spitzwegerich, Wacholder, Weizen, Wermut
Vergiftungen:	Linde, Weinrebe, Weizen
Verletzungen:	Arnika, Beinwurz, Enzian, Königskerze, Schafgarbe, Johanniskraut
Verrenkungen/Verstauchungen:	Arnika, Hauswurz, Johanniskraut, Majoran, Schafgarbe, Wermut
Verstopfung:	Faulbaum, Flohsamen, Lein
Vitaminmangel (allgemein):	Weinrebe
Völlegefühl:	Mistel, Rosmarin, Schafgarbe, Tausendguldenkraut, Wegwarte, Weizen, Wermut
Vorhautentzündung:	Kamille, Käsepappel
Vorhautverengung (Phimose):	Schöllkraut
Wadenkrampf:	Hauhechel, Magnesium (Schüsslersalz)

Warzen:	Hauswurz, Schöllkraut, Thuja (Homöopathie)
Wassersucht:	Anis, Apfel, Brennessel, Brombeere, Brunnenkresse, Fenchel, Holunder, Hopfen, Kartoffel, Liebstöckel, Linde, Majoran, Petersilie, Schöllkraut, Wacholder, Wermut, Ziestkraut, Zwiebel
Wechseljahrebeschwerden:	Baldrian, Mistel, Weißdorn, Frauenmantel
Wehen (schmerzlindernd):	Kümmel
Wehen (treibend):	Wermut
Weißfluß:	Bärlapp, Brombeere, Eibisch, Eiche, Hirtentäschelkraut, Roßkastanie, Salbei, Schafgarbe, Zinnkraut, Taubnessel
Wespenstich:	Zwiebel
Wundheilende Mittel:	Arnika, Beinwell, Eiche, Enzian, Hafer, Hauswurz, Hirtentäschelkraut, Johanniskraut, Kamille, Lein, Odermennig, Schafgarbe, Weide, Wermut, Ziestkraut, Zinnkraut, Spitzwegerich, Osterluzei (Umschlag)
Wundreinigende Mittel:	Arnika, Brennessel, Eiche, Klette, Knoblauch, Salbei, Schafgarbe, Tanne, Thymian,Weinrebe, Zwiebel
Würmer:	Apfel, Enzian, Esche, Farn, Faulbaum, Heidelbeere, Knoblauch, Pfefferminze, Tanne, Wermut, Kohl, Ysop
Zahnfleischbluten:	Bärlapp, Heidelbeere, Johannisbeere (rote), Sanddorn, Fuchskreuzkraut, Salbei
Zahnfleischentzündung:	Kamille, Pfefferminze, Salbei, Zinnkraut
Zahnschmerzen:	Bärlapp, Hauhechel, Holunder, Kalmus, Kamille, Pfefferminze, Wacholder, Nelkenöl
Zahnungsbeschwerden:	Kamille
Zerrungen u. Verrenkungen:	Ringelblume, Johanniskraut (äußerlich)
Zuckerkrankheit:	Eiche, Hafer, Johannisbeere (rote), Klette, Löwenzahn, Mistel, Schafgarbe, Tausendguldenkraut, Wacholder, Wegwarte, Wermut
Zungenbelag:	Wermut
Zungenbläschen:	Heidelbeere
Zungenentzündung:	Kamille, Pfefferminze
Zwölffingerdarmgeschwür:	Hafer, Schafgarbe, Spitzwegerich, Waldmeister, Weinrebe, Weizen, Wermut, Zwiebel

DER SCHMERZ UND SEINE URSACHE

Nach den Berechnungen und praxisorientierten Beobachtungen von Hippokrates können nicht nur die vom jeweiligen Tagessternbild regierten Körperteile Auswirkungen zeigen. Es ist durchaus möglich, daß ein "sympathisches" - also mit dem an diesem Tag regierten Körperteil in (Kreuz-)Verbindung stehendes - Zeichen bzw. dessen beherrschtes Organ empfindlich reagiert.

das Kardinal-Kreuz	das feste Kreuz	das veränderliche Kreuz
Steinbock	Wassermann	Fische
Widder — Waage	Stier — Skorpion	Zwilling — Schütze
Krebs	Löwe	Jungfrau

Beachten Sie dazu bitte die Tabelle auf Seite 8.

Eine Hautkrankheit (Haut = Zeichen Steinbock) kann also auch von widder-, waage- krebsbeherrschten Organen ausgehen und an diesen - im ersten Augenblick - untypischen Tagen auftreten. Asthma (Lunge = Krebs) und Ekzeme gehen oft Hand in Hand. Andererseits offenbart sich eine gestörte Nierenfunktion - Waage - (verminderte Entgiftung des Körpers) oft durch unreine Haut. Widder regiert den Kopf, Waage regiert Nieren und Blase. Als erstes Anzeichen einer Nieren- bzw. Blasenerkrankung stellen sich oft heftige Kopfschmerzen ein.
Beim sogenannten "festen Kreuz" verhält es sich ebenso. Der Wassermann regiert die Unterschenkel, der Löwe regiert das Herz: Eines der ersten Symptome bei Herzerkrankungen sind Schmerzen im unteren Teil der Beine. Der Stier regiert u. a. Hals und Stimmbänder; Skorpion die Geschlechtsorgane. Ein Zusammenhang dieser Körperpartien ist am Stimmbruch bei Jungen in der Pubertät veranschaulicht. Der Löwe regiert auch den unteren Rücken, der Skorpion den Enddarm. Eine schwere Colitis (Darmentzündung) äußert sich anfangs oft durch starke Schmerzen im Bereich des unteren Rückens.
Im "veränderlichen Kreuz" sind oft kalte, nasse Füße (Fisch) Auslöser für Bronchitis oder Lungenentzündungen (Zwillinge = Lunge). Der Schütze regiert die Leber und Leberleiden machen sich anfangs meist durch Verdauungsprobleme (Jungfrau = Darm, Verdauungsorgane) bemerkbar.
Wie empfindlich jemand auf solche Einflüsse reagiert, hängt nicht zuletzt auch von den Planeteneinflüssen des Zeitpunktes seiner Geburt ab - Sternzeichen, Aszendent, Mondstand, Geburtsstunde, Tag der Geburt usw. - und selbstverständlich spielen hierbei die Krafteinflüsse des jeweiligen Tages in Zusammenklang mit all diesen Aspekten eine bedeutende Rolle.

Das Buch "LEBEN IM RHYTHMUS DER NATUR" Band 2 (erscheint Herbst 1996) wird über die Auswirkungen der Planeteneinflüsse im Geburtshoroskop ausführlicher berichten.

HEILKRÄUTER UND IHRE ANWENDUNG

Teebereitung

Der Aufguß: *Verwendung finden hier meist zarte Pflanzenteile, Blüten, Blätter*

Die Droge (meist eine 3-Fingerprise pro Tasse oder 1 EL pro 1/4 l Wasser) wird mit kochendem Wasser übergossen. Man läßt diesen Aufguß 10 bis 20 Min. ziehen (10 Min. falls nicht anders angegeben) Man verwende hierzu ein gut verschließbares Porzellangefäß um den Verlust der ätherischen Öle zu vermeiden. Der Aufguß sollte sofort verwendet werden um einen Qualitätsverlust zu vermeiden.

Der Auszug: *Verwendung finden hier Pflanzen, deren wirksame Inhaltstoffe sich nur kalt lösen oder bei denen man verhindern will, daß sich Unerwünschtes im kochenden Wasser löst (Waldmeister, Baldrian, Mistel)*

Die Droge wird ca. 8 Stunden im kalten Wasser ausgezogen, abgeseiht und vor dem Trinken leicht erwärmt.

Die Abkochung: *Anwendung bei härteren Drogen z.B. Rinden, Wurzeln, Samen*

Die Droge wird meist in kaltem Wasser angesetzt, evl. auch noch kalt ausgezogen und dann 2 - 10 Minuten gekocht.

Es ist möglich, diese drei Verwendungsarten erst getrennt zuzubereiten und vor dem Trinken zu mischen.

Nur bei Tee mit Wirkung auf die Atemwege, Lungen, Bronchien mit etwas Honig süßen, ansonsten ungesüßt trinken.

Bitterstoff-Tees: 1/2 Std. vor dem Essen kalt einnehmen (z. B. Tausendguldenkraut)

Ätherische Tees: (Kamille, Minze, Wermut...) nach den Mahlzeiten warm trinken.

Bei der Verarbeitung von Kräutern niemals blankes Metall (Stahl, Messing, Kupfer, Aluminium) verwenden, stets emailierte Töpfe und Holzgeräte.

Ansätze nit Blatt-, Blüte-, Frucht- und Samenkräutern sind an Vollmondtagen oder an den letzten drei Tagen davor bereitet am wirkungsvollsten, Wurzeln am Vollmondtag oder bis drei Tage danach. Abfüllung soll stets bei abnehmenden Mond erfolgen.

Bei der Anwendung ist zu beachten, daß alles Lösende bei abnehmendem Mond, alles Stärkende bei zunehmendem Mond am wirkungsvollsten ist. Bei akuten Beschwerden soll natürlich sofort reagiert und bei schweren Krankheiten der Hausarzt konsultiert werden.

Kräutersirup

Kräuter (Maiwipferl, Löwenzahnblüten etc.) schichtweise in ein großes Gurkenglas füllen, mit Zucker versetzen, einige Wochen in der Sonne destillieren lassen, abpressen. Ein Kochen ist hier nicht unbedingt nötig.

Klassische Art: Frische Kräuter (Spitzwegerich, Huflattich, Thymian etc.) schichtweise abwechselnd mit Zucker in ein Gurkenglas schichten, dicht einpressen, bis die Kräuter Saft lassen, evtl. etwas befeuchten, beschweren und 3 Monate bei gleichmäßiger Wärme vergären lassen (in der Erde vergraben), abpressen, aufkochen und in Flaschen füllen.

Tinktur
Man setzt die zerkleinerte, frische Pflanze mit 70%igem Alkohol oder Kornbranntwein in einer weithalsigen, gut verschließbaren Flasche an. Mischungsverhältnis: 1 Teil Droge, 5 Teile Alkohol. 4 - 10 Wochen an der Sonne stehen lassen, abfiltern und in dunkle, gut verschließbare Gläser füllen (abnehmender Mond).
In der Tinktur wird der Wirkstoff besser verwahrt als im getrockneten Kraut.
Anwendung: innerlich - ein paar Tropfen mit Wasser verdünnt 26-36 % Alkoholgehalt; äußerlich zur Einreibung oder Wundreinigung (Arnika, Weißdorn, Tausendguldenkraut, Kastanie etc.) 40% Alkoholgehalt.

Kräuteröl (Extrakt)
Frische Droge (Pflanze) wird in gutem Öl (Lein-, Oliven-, Weizenkeim-, Mandelöl etc.) angesetzt. (Das Öl soll fingerhoch über den Pflanzen stehen.) Man läßt mehrere Wochen in der Sonne destillieren, filtert und füllt in dunkle, gut verschließbare Flaschen ab.
Anwendung: äußerlich zur Einreibung und Wundbehandlung (Johanniskraut, Königskerze, Goldrute, Ringelblume, Pfingstrose etc.); teilweise auch zur innerlichen Anwendung geeignet.

Kräuteressig
Frische, zerkleinerte Droge wird zu gleichen Teilen in Wein- od. Apfelessig angesetzt. 2 - 4 Wochen ziehen lassen, abseihen, abfüllen.
Anwendung: innerlich und äußerlich in Medizin und Kosmetik (Rosen-, Berberitzen-, Veilchen, etc.)

Kräutersalbe
Kräuter 1:3 in Alkohol ansetzen und eine Tinktur s. o. bereiten. Diese Tinktur wird später der Salbengrundlage (Lanolin oder Eucerin) zugesetzt, indem man das Gemisch vorsichtig im Wasserbad erhitzt, bis der Alkohol verdampft ist. Zur Haltbarkeit einige Tropfen Thymol zusetzen. Rühren, langsam abkühlen lassen und in kleine Töpfchen abfüllen.
Weniger gute Alternative: Kräuter in Schmalz aufkochen.

Ätherische Öle: Gewinnung durch Destillation aus den Pflanzen - gut verschließen!

Breiumschlag: Pflanzenteile zerquetschen, evtl. mit Topfen vermischt auflegen (Haftung).

Kräuterbad: Stark konzentrierter Kräutertee wird (abgeseiht!) dem Badewasser zugesetzt.

Pflaster: Kräuter mit Salz zerquetscht oder Pulver mit Wasser verrührt auflegen.

Preßsaft: Mittels Pflanzenpresse hergestellt, zur inneren und äußeren Anwendung.

Kräuterpulver: Getrocknete Droge pulverisieren (Mörser) und in die Wunden streuen oder teelöffelweise innerlich (Kalmuswurzel, Spitzwegerichblätter, Thymian) einnehmen.

ALTBEWÄHRTE REZEPTE UND HAUSMITTEL

Abkochung von Osterluzei: *bei Nagelbetteiterung und -entzündung*
2 EL Droge auf 1 Tasse Wasser. 10 Min. kochen. Man badet mehrmals täglich in einer Abkochung von Osterluzei.

Augenbad (oder Auflage): *bei Augenentzündung*
Aufguß aus 3 EL Steinkleekraut mit 1/4 l kochendem Wasser bis zum Erkalten ziehen lassen, abseihen und 2-3 x täglich anwenden.

Augentrost-Tee: *Gallenprobleme innerlich oder als Waschung bei Augenentzündungen*
1 TL getrocknetes Augentrostkraut in 1/4 l kochendem Wasser zugedeckt ziehen lassen. bei Gallenproblemen 1 Woche lang bei abnehmendem Mond morgens nüchtern eine Tasse trinken, eine Woche aussetzen und dann bei zunehmendem Mond 1 Woche lang wiederholen.

Baldrian-Tee: *bei Schlafstörungen; wirkt beruhigend, nervenstärkend*
2 TL Wurzelteile mit 1/4 l kaltem Wasser ansetzen und 24 Std. ziehen lassen. Davon morgens und abens 1 Tasse leicht erwärmt trinken (abends, falls nötig, auch 2 Tassen).
Zur Ergänzung 1 x wöchentlich ein Baldrianbad (250 ml Tinktur für ein Vollbad).

Beinwell-Mandelöl: *Abszesse, Schnitte, Schwellungen, in der Kosmetik gegen rauhe Hautstellen, Falten*
In ein verschließbares Glas zerquetschte Beinwellblätter einfüllen und mit so viel Mandelöl begießen, daß das Öl fingerbreit über der Blättermasse steht. Glas verschließen und an einem sonnigen, warmen Platz 5 Wochen stehen lassen, täglich aufschütteln, durch ein Tuch abseihen und ausdrücken, in gut verschließbare, dunkle Gläser füllen.
Mehrmals täglich auf betroffene Stellen auftragen.

Berberitzen-Tinktur: *Gallen-, Leberleiden, Blutandrang im Hirn, Kreislauf, Hämorrhoiden*
Die Rinde junger Wurzeln in 70%igem Alkohol ansetzen; 5 Wochen an der Sonne stehen lassen, abseihen, abfüllen. 15 Tr. auf 1 Glas lauwarmes Wasser vor dem Schlafengehen einnehmen.

Borretsch-Sirup: *Nieren- u. Blaseninfekte*
200 g der blühenden Pflanze pürieren, durch ein Tuch streichen und mit 200 g Zucker zu einem Sirup einkochen.
Dosierung 1 EL pro Tag (bei abnehmenden Mond und Waagezeichen besonders wirkungsvoll).

Bockshornklee-Samen in Milch: *Stärkungsmittel, Gewichtszunahme*
Bockshornkleesamen, evl. leicht geschrotet, in Milch kochen; fördert die rasche Gewichtszunahme (besonders wirksam bei zunehmendem Mond und Vollmond).

Bockshornklee-Wasser: *Brechdurchfall, Erbrechen, Entzündung des Verdauungstraktes*
Die schleimigen Substanzen des Bockshornklee-Samens lindern und helfen.
35 g Samen mit 600 ml Wasser in einem Topf 15 Minuten kochen, abkühlen lassen und 3 x tgl. ca. 0,2 l trinken.

Brennesselpflaster: *bei Kreuzschmerzen*
Brennesseln mit Salz zu einer Paste zerdrücken, diese auf ein Pflaster streichen und auflegen (Skorpion- oder Schützetag)

Brennesselöl: *Konzentrationsschwäche*
Brennesselblätter in eine Flasche mit weitem Hals füllen und so viel Walnußöl aufgießen, daß das Öl fingerhoch über den Blättern steht. 3 Wochen in der Sonne stehen lassen, abseihen, abfüllen und regelmäßig auf Stirn und Schläfen auftragen (am besten bei zunehmendem Mond und an Widdertagen).

Eichenrinden-Extrakt: *zusammenziehend bei Halsentzündungen zum Gurgeln*;
ein paar Tropfen in etwas Wasser *bei Magen-Darmbeschwerden; Wunden, Sitzbäder bei Analfisteln etc.* 10 dag Eichenrinde in 1 liter 70%igem Alkohol ansetzen, an der Wärme 5-6 Wochen stehen lassen, abseihen.

Geißblatt-Sirup: *gegen Halsschmerzen*
80 g frische Geißblattblüten leicht zerdrücken und mit 300 ml kochendem Wasser übergießen. Abkühlen lassen und die Flüssigkeit in einen emaillierten Kochtopf seihen. 100 g Zucker zugeben und langsam zum Kochen bringen. Leise köchelnd einreduzieren, bis eine sirupartige Konsistenz erreicht ist. Noch heiß in ein Glas mit Schraubdeckel füllen, das zuvor mit Alkohol ausgespült wurde und gut verschließen. 3 x täglich 1 Löffel voll einnehmen.

Goldruten - Öl: *bei Harnwegsentzündungen, Nierenschwäche, Blasenleiden, Halsentzündung*
Goldruten-Kraut bis zum Hals in eine Flasche füllen, mit gutem Olivenöl auffüllen. 5 Wochen in der Sonne stehen lassen, abseihen, ausdrücken; wie üblich abfüllen. Zur äußerlichen Anwendung.

Hafer-Honigbrei: *Schwäche, Überforderung, Depressionen*
1 Tasse Hafer geschrotet, gründlich spülen, mit 1 1/2 Tassen Wasser kochen, einreduzieren, bis eine breiige Masse entsteht. In den überkühlten Brei 1-2 TL in warmem Wasser aufgelösten Honig einrühren und in der zunehmenden Phase kurmäßig abends einnehmen.

Heidelbeer-Teeabkochung: *bei Durchfällen und Gärungsprozessen im Darm; Mundspülung*
3 EL getrocknete Früchte in ca. 1/2 l kaltem Wasser zustellen und 10 Min. kochen, abseihen, in eine Warmhaltekanne füllen und mehrmals täglich 1 Glas ungesüßt trinken.

Heilsalbe aus Baumharz: Harz im Frühjahr sammeln, vorsichtig schmelzen und mit Schweineschmalz zu einer Salbe verrühren. Bei abnehmendem Mond in mit Alkohol gereinigte Töpfchen abfüllen. Auch als Zugsalbe verwendbar.

Heublumensack: *bei Sehnenscheidenentzündung, Nervenschmerz etc.*
Heublumen oder Kräuter vom Vorjahr in ein Leinensäckchen einnähen, täglich über Dunst erwärmen, auf die schmerzenden Stellen legen und warm abdecken. Längere Zeit hindurch über Nacht anwenden.

Herzwein I:
20 Stengel frische Petersilie und eine gereinigte Petersilienwurzel mit 2 EL Weinessig etwa 5 Min. lang aufkochen. Abkühlen! Wenn die Temperatur der Abkochung nur mehr ca. 40°C beträgt, 100 g Honig (Fruchtzucker für Diabetiker) zugeben und 1 liter naturbelassenen guten Wein, noch einmal kurz aufschäumen lassen, Schaum entfernen, durch ein Filter abseihen und in Flaschen füllen. Zur Wirkungssteigerung gibt man noch 3 EL getrocknete, zerstoßene Weißdornfrüchte zu und verschließt gut.
3 x täglich 1 Likörgläschen.

Herzwein II:
1 l guten, naturbelassenen Wein, 2 EL Weinessig, 10 frische Petersilienstengel zusammen 10 Min. auf kleiner Flamme kochen lassen (Schaumbildung!); sodann 300 g echten Bienenhonig unter dynamischem Rühren in dem Wein auflösen, 4 Min. köcheln lassen; abseihen und sofort in mit reinem Alkohol ausgespülte Flaschen füllen.

Holunder-Mus: *reinigt Magen, Harnwege, Nieren*
Beeren mit Zucker oder Honig zu einem Mus kochen und portionsweise einfrieren (Eiswürfelbehälter). Bei Bedarf 1 EL Mus (oder 1 Würfel) in einem Glas heißem Wasser lösen und heiß trinken. Hochphase des jew. Organes beachten (S 9)!

Huflattich-Blätter-Auflage: *Geschwüre, Rotlauf, Gesichtsrose, Blasen an den Füßen, Wunden, Fieber.*
Zerquetschte, frische Blätter auflegen. Auf die Brust gelegt, zieht diese Auflage Hitze und Fieber aus.

Huflattich-Tee: *schleimfördernd, Bronchien, Asthma*
1 geh. Teelöffel Blüten und Blätter pro Tasse 10 Min. ziehen lassen, mit Honig süßen. Achtung! Diesen Tee bereits abends bereiten, in eine Thermosflasche füllen und morgens zwischen 4 und 5 Uhr trinken. Wenn man die Thermosflasche auf dem Nachtkästchen bereithält, muß man nicht aufstehen und kann gleich wieder weiterschlafen. Beste Wirkung als Kur in der abnehmenden Phase.

Hustensaft: Den Saft 2er saftiger Zitronen leicht erwärmen und mit 150 g klarem Bienenhonig verrühren, 50 ml Glyzerin aus der Apotheke unterrühren und abfüllen.

Johannisbeer-Blatt (schwarz) Abkochung: *Gicht*
10 g auf 1/4 l Wasser 10 Min. leicht kochen lassen; 1-2 Tassen täglich (in der abnehmenden Phase einnehmen, 15-19 Uhr).

Johanniskrautöl: *innerlich bei Entzündung der Magenschleimhaut; äußerlich bei Verbrennungen (noch besser in Leinöl angesetzt); zur Wundversorgung, Drüsenschwellung, Rheuma, Hexenschuß*
Bei Sonnenschein gepflückte Blüten werden abgezupft und in eine Flasche mit weitem Hals gefüllt, mit bestem Olivenöl übergossen, sodaß die Blüten gut bedeckt sind, und verschlossen. Ca. 5 Wochen an einem warmen Ort, möglichst an der Sonne stehen lassen. Bald nimmt das Öl eine rote Farbe an. Man filtert, preßt durch ein Tuch aus und füllt bei abnehmendem Mond in dunkle, gut verschließbare Flaschen ab.

Johanniskrauttee: *blühendes Kraut zur Nervenstärkung*
1 geh. TL auf 1/4 l Wasser, abbrühen, 5 Min. ziehen lassen; 2 - 3 x tägl. nach dem Essen trinken.

Obstessig-Honig-Kur: *bei Kaliummangel*
Bei zunehmendem Mond täglich morgens und abends 1 TL Obstessig mit 1 TL Honig in einem Glas lauwarmem Wasser einnehmen. Vorgang ggf. im nächsten Monat wiederholen.

Kamillen-Tinktur:
Blüten in ein Glas mit weitem Hals füllen, 70%igen Alkohol so weit zugießen, daß die Flüssigkeit fingerhoch über den Blüten steht. 6 Wochen an der Wärme oder Sonne stehen lassen. Abseihen, abpressen, abfüllen. Für Waschungen, Bäder, Wundversorgung, innerlich für Magen und Darm auf Zucker oder in lauwarmem Wasser einnehmen.

Kastanienextrakt: *Venen, Krampfadern*;
15 unreife Kastanien zerdrücken und zusammen mit 1 l 90%igen Alkohol an einem sonnigen Platz 6 Wochen ziehen lassen; abseihen, ausdrücken, abfüllen.

Knoblauchtee: *Darminfektion, entgiftend (zum Entgiften abnehmende Phase)*
5 - 6 zerquetschte Zehen im Kaltansatz auf 1/8 l Wasser 8 Stunden ziehen lassen. Leicht erwärmt trinken; 3 x 3 Tassen täglich.

Knoblauch-Tinktur: *Darmbeschwerden, blutdrucksenkend, Arterienverkalkung, Herz, keimtötend*
250 g Knoblauchzwiebeln schälen, kleinschneiden und in einem Liter Branntwein ansetzen 3 Wochen lang in der Nähe des Herdes oder in der Sonne ziehen lassen, durchseihen, bei abnehmendem Mond abfüllen und 3 x täglich 10-20 Tropfen einnehmen.

Kinder-Brustbalsam: *bei Bronchitis und Erkältungskrankheiten;* 50 g Lanolin, 3 g Lorbeeröl-Auszug, 7 Tr. Cajeputöl, 7 Tr. Latschenkiefernöl, 7 Tr. Lavendelöl, 4 Tr. Zedernöl. Alles zusammen gut verrühren und auf Brust und Rücken auftragen. Wirkt durchblutungsfördernd, abwehrsteigernd, keimtötend.

Königskerzentinktur: *Bronchien, Husten, Heiserkeit*
250 g Blüten und Blätter der großen Königskerze in 1 l 70%igem Alkohol ca. 6 Wochen in der Sonne ansetzen. Gut filtern und abfüllen. Bei Bedarf 3 x 20 Tropfen täglich in etwas Wasser einnehmen.

Kümmel-Kopfwickel: *Migräne, Kopfschmerz*
Ein Leinensäckchen in passender Größe zu 3/4 mit frisch gestoßenem Kümmel füllen, zubinden und in 3/4 l Wasser ca. 5 Min. abkochen, überkühlen lassen und 1-3 x täglich anwenden (mehrmals verwendbar).

Lavendelöl: *Koliken, Darmkrämpfe, Erkältung, Schlafstörungen, Herzschmerz*
100 g Blüten in 1/2 l Mandelöl ansetzen und 6 Wochen an einem sonnigen Platz stehen lassen (Öl färbt sich bläulich); filtern, abfüllen. Zur innerlichen und äußerlichen Anwendung (Kompresse, Einreibung).

Leinöl-Gallenstein-Kur:
60 g Leinöl auf einmal einnehmen und anschließend sofort eine halbe Stunde lang auf die linke Körperseite legen. Auf diese Weise können die Gallensteine schmerzlos in den Darmkanal gelangen und von dort abgehen.

Lindenblüten-Schwitztee *bei Erkältungkrankheiten:*
5 TL Blüten mit 1/2 l Wasser überbrühen, 15 Min. ziehen lassen, abseihen, warm und möglichst rasch trinken - im Bett bleiben und schwitzen.

Löffelkraut-Geist: *Mund- u. Gurgelwasser bei Entzündungen, Rheuma, Skorbut*
1 Teil Löffelkraut auf 2 Teile 70%igen Weingeist 6 Wochen an der Wärme stehen lassen, abseihen, abfüllen; mit Wasser verdünnt zum Gurgeln verwenden.

Löwenzahnsirup: *Husten, Heiserkeit, Verschleimung*
In ein mit Alkohol ausgespültes 3-l-Gurkenglas frische, junge Löwenzahnblüten schichtweise abwechselnd mit braunem Zucker einlegen, anfeuchten, andrücken, sodaß alles gut durchfeuchtet ist. 2 Wochen lang an einem sonnigen Ort stehen lassen (oder an der Wärme) und danach den Saft durch ein Tuch abpressen. Aufkochen lassen, leicht köchelnd einreduzieren, sodaß die Konsistenz von Honig erreicht wird. In saubere, mit Alkohol ausgespülte Gläser abfüllen und mit Cellophan verschließen. Löwenzahnhonig bei Erkältungskrankheiten in heißem Tee einnehmen.

Löwenzahn-Leber-Frühjahrskur: *Juli - Jänner günstig zum Leberentgiften*
1 EL getrocknete Löwenzahnwurzeln und -kraut in 1/4 l kaltem Wasser ansetzen und zum Kochen bringen. 3 Min. zugedeckt stehen lassen; täglich morgens und abends (3 Monate lang) in der abnehmenden Phase ungesüßt und schluckweise trinken.

Melissenbad: *beruhigend, entspannend*
100 g Melissenblätter mit 2 l kochendem Wasser übergießen, 15 Min. ziehen lassen, abseihen und ins Badewasser gießen.
Anwendung: 1-5 x pro Woche vorzugsweise in der zunehmenden Phase.

Migräne-Tee-Mischung:
Je ein Teil Schafgarbe, Waldmeister und Majoran; 1 TL Mischung auf 1 Tasse als Aufguß; 3 x 3 Tassen täglich trinken (vorbeugend an Widdertagen oder Ende der Fischtage).

Muskatellersalbei-Augenwasser: *zum Entfernen von Staubpartikeln*
Ein paar Samenkörner in warmem, abgekochtem Wasser einweichen und quellen lassen, bis sich ein schleimiger Film gebildet hat. Vorsichtig mit einem sauberen Tuch an die Augenwinkel bringen, sodaß die Staubkörnchen vom Schleim gebunden werden können.

Obstessig: *gegen chronische Kopfschmerzen, Migräne*
2 EL Obstessig in einem Glas Wasser einnehmen. Auch das Einatmen von Essigdämpfen zeigt oft gute Erfolge.

Odermennig-Tinktur: *bei starker Monatsblutung, Harnwegsinfekte, Bronchitis, schleimlösend, desinfizierend*
100 g Odermennigkraut auf 1 l 70%igen Alkohol ca. 2 Wochen in der Sonne ansetzen, öfter schütteln; 3 x täglich 1 EL in lauwarmem Wasser einnehmen.

Pfingstrosen-Osmoseöl: *äußerlich bei Gicht, schmerzenden Gelenken; Darm-, Nieren-, Gallenkrämpfe.*
Bei Vollmond in ein Glas mit weiter Öffnung die Blätter einer großen, frischen Blüte, einige Stücke vom Stengel, mehrere Blätter und Samenkapseln und ein Stück gereinigte zerkleinerte Wurzel geben, alles zusammen mit hochwertigem Olivenöl übergießen und 5 Wochen an der Sonne ziehen lassen; abseihen, ausdrücken und abfüllen.

Ringelblumensalbe: *bei Hautleiden, Geschwüren und schlecht heilenden Wunden; zum Hautschutz*
An einem Vollmondtag eine Handvoll frisch gepflückte orange Ringelblumenblüten, 200 g Vaseline; Vaseline in einem Emailletopf schmelzen, Ringelblumen dazugeben und beides zusammen aufkochen lassen (ca. 5 Minuten), mehrmals umrühren, durch ein Tuch sieben; Rückstände auspressen und erkalten lassen. Tags darauf die fertige Salbe nochmals erwärmen und in kleine, gut verschließbare Töpfchen abfüllen, kühl aufbewahren.

Schlaf-Teemischung:
5 Teile Baldrian, 3 Teile Hopfen, 2 Teile Schafgarbe (getrocknete Drogen) mischen und 2 TL mit 1/4 l kochendem Wasser überbrühen; ca. 10 Min. ziehen lassen, noch warm schluckweise vor dem Schlafengehen trinken.

Schleimlösende Teemischung:
1 Teil bittere Kreuzblume, 2 Teile Bockshornkleesamen, 2 Teile Eibisch, 3 Teile Huflattichblätter, 2 Teile Malve. Getrocknete Drogen mischen und 1 EL der Mischung mit 1/4 l kochendem Wasser überbrühen.
10 Min. ziehen lassen und warm trinken; 3 x 1 Tasse täglich.

Senfauflage: *bei starker Bronchitis*
2 EL Senfkörner im Mörser zerstoßen, mit 4 EL Wasser übergießen, quellen lassen, bis ein beißend scharfer Geruch aufsteigt; auf ein Leinentüchlein streichen und auf die Brust legen. (Die Brust soll zuvor gut mit Ringelblumensalbe eingecremt werden.) Ein Baumwolltuch darüber legen und schließlich mit einem warmen Wickeltuch umhüllen. Nach 15-20 Minuten abnehmen (Hautrötung!) Das Eincremen mit Ringelblumensalbe ist unumgänglich, da es ansonsten zur Blasenbildung auf der Haut kommen kann.

Spitzwegerich-Auflage: *wirkt desinfizierend, bei Stichen, Bissen, Thrombosen, offenen Füßen* (hier kann man auch eine Auflage aus gequetschten Krautblättern anwenden - gleiche Vorgangsweise!) Frische Spitzwegerichblätter waschen, zerquetschen und Blätterbrei auflegen. (Breitwegerichblätter erfüllen denselben Zweck!)

Spitzwegerich-Ohren-Pfropfen: *Bei Ohrenschmerzen.*
Blätter zerdrücken, aus den starken Adern einen Pfropfen formen und ins schmerzende Ohr stecken.

Spitzwegerichtinktur: *wirkt desinfizierend bei Wunden; bei Insektenstichen zur Schmerzlinderung, für Einreibungen, Umschläge; verdünnt mit Honig als Hustenmittel verwendbar (in Tee).*
Kleingeschnittene, zerquetschte Blätter werden in ein Glas mit weitem Hals gefüllt, mit 70%-igem Alkohol übergossen und 5 Wochen an der Sonne stehen lassen; abseihen, ausdrücken und abfüllen (abnehmender Mond).

Spitzwegerichtee: *bei Husten, Heiserkeit, Asthma, Halsschmerzen*
3-Finger-Prise Blätter pro Tasse heiß überbrühen, 10 Min ziehen lassen; 3 Tassen tägl. mit Honig.

Thymiansirup: *bei Erkältungen (vor den Mahlzeiten 1 EL)*
Die an einem sonnigen Vormittag gepflückten blühenden Thymianstengel werden in ein mit Alkohol ausgespültes großes Einmachglas geschichtet, in dem sich noch ca. 1/2 cm hoch 96%-iger Alkohol befindet; lagenweise Thymiankraut und Rohzucker mit der Hand festdrücken, ab und zu anfeuchten. Ca. 4 Wochen an einem sonnigen Ort stehen lassen, dann abseihen, mit etwas Wasser benetzen und ausdrücken. Diesen Saft nun einreduzieren nicht kochen, bis der Sirup die Konsistenz von flüssigem Honig erreicht hat; abfüllen (abnehmender Mond).

Weißdorntinktur: *innerlich für Herz, Kreislauf; blutdrucksenkend; f. Herzkranzgefäße, Venen; verhindert Blutstauung, Gefäßkrämpfe etc; oder äußerlich zum Einreiben von Herz-, Schulter-Armbereich.*
Blüten, Blätter, getrocknete Früchte und einige Wurzelstückchen in 90%igem Alkohol ansetzen, an einem warmen Ort (nicht an der Sonne!) 5-6 Wochen ziehen lassen (darf nicht gären). Abseihen, abfüllen. Bei akuten Zuständen 5-15 Tropfen auf ein Gläschen Wasser einnehmen - Flüssigkeit einige Zeit im Mund behalten, auf diese Weise wird der Wirkstoff sofort aufgenommen.

Zinnkraut-Abkochung: *bei Bindegewebsschwäche, Krampfadern Hämorrhoiden, Frauenleiden* 1 EL pro 1/4 l Wasser 15 Min. kochen; 3 x tgl. 1 Tasse als Tee trinken (Kieselsäurelieferant) oder entsprechend größere Mengen für Sitzbäder verwenden.

TIPS

Allgemein: Körper erst bei abnehmendem Mond entgiften, dann bei zunehmendem aufbauen!

Abstillen: Salbeitee bringt die Milchsekretion zum Stillstand. 1 Woche vor Vollmond schrittweise weniger anlegen und am Vollmondtag letztmals stillen (an diesem Tag wenig trinken)!

Appetitzügler: frische Salbeiblätter kauen (bei abnehmendem Mond beginnend).

Bei Problemen mit der **Bauchspeicheldrüse** kein süßes Frühstück!

Blutreinigungstee zwischen 15 und 19 Uhr trinken! (abnehmende Phase)

Brechmittel: 1 EL Senfmehl in 1 Glas lauwarmem Wasser auflösen, trinken.

Morgens reichlich Pfeffer zum Frühstück - regt die Nebennierenrinde zur körpereigenen **Cortisonproduktion** an.

Darmleiden: Kefir, Kumyß, Joghurt, Brokkoli regelmäßig essen!

Durchfall: 1 Apfel mit der Schale raffeln, braun werden lassen und essen (außer Tee ansonsten nichts zu sich nehmen).

Abends Arme und Beine abschließend unter fließendem kalten Wasser abwaschen und von schädlichen **Energien "entoden".**

Erkältungskrankheiten beugt man mit 1 Glas Saft roter Rüben, bzw. Holundersaft in heißem Wasser vor.

Nach 9 Uhr nicht mehr **frühstücken** (Normalzeit, nicht Sommerzeit)!

Frostbeulen: Senfmehl-Umschlag anwenden!

Fußschweiß: *Holunderbeeren-Kaltauszug*
1/2 Teelöffel Holunderbeeren pro Tasse 8 Stunden kalt ansetzen, leicht erwärmen und 3 x täglich eine Tasse trinken.

Harnwegsinfektionen: 2 x täglich 1/4 l Preiselbeersaft trinken (wirkt stark desinfizierend)!

Herpesbläschen mit einem angetrockneten Rest von Rotwein betupfen!

Abends eine halbe Knoblauchzehe gegen **Hühneraugen** auflegen; mit Pflaster befestigen (ab)

Ingwer-Riechfläschchen (Ingweröl) bringt klare Gedanken, wo immer sie gebraucht werden.

Leberstärkung: Honig, rohe Champignons bei zunehmendem Mond und besonders an Krebs- und Schützetagen abends einnehmen.

Milchsekretion fördernd: Dillsamen-Milchabkochung, täglich bis zu 1/2 l trinken.

Nasenbluten: frische Schafgarbenblätter mit den Fingern zu einem Knäuel reiben und in die Nasenlöcher einführen.

Nierensteine verabschieden sich, wenn man häufig Bier zusammen mit Rettich zu sich nimmt.

Obst nicht mehr nach 15 Uhr essen (Gärungsprozeß im Darm!)

Koriander essen; Korianderöl, Sandelholzöl (Duftlampe) zur Bildung **roter Blutkörperchen!**

Schnupfen: Pfefferminzblätter einrollen und in die Nasenlöcher stecken.

Schrunden: Milch und medizinischen Alkohol zu gleichen Teilen mischen; Hände darin baden; Ringelblumensalbe auftragen.

Schwächliche Kinder - Zur Muskelbildung Frauenmanteltee trinken!

Bananen gegen **Übersäuerung des Magens**

Unfruchtbarkeit: Oft liegt ein Vitamin- A+E-Mangel vor. Karottenkur bei zunehmendem Mond!

Schöllkrautsaft gegen **Warzen** auftupfen - nur abnehmende Phase!

Wechselbeschwerden: Frauenmanteltee trinken!

Wundversorgung: Grundregel: auf Feuchtes feucht (niemals trocknende Puder!)

Bernstein erleichtert das **Zahnen** bei Kleinkindern; Bernstein im Mund gegen **Zahnschmerz!**

***TIP:** Bitte beachten Sie auch das Kapitel "Der richtige Platz: Erdstrahlen, Wasseradern & Co." , das dem Themenkreis HAUS zugeordnet ist. Wasseradern und Erdstrahlen haben einen bedeutenden Einfluß auf die Gesundheit.*

KÖRPERPFLEGE

Alle Maßnahmen zur Reinigung von Haut, Haar, Nägeln bzw. zur Kürzung, Klärung und zur Beseitigung von Unerwünschtem sind bei abnehmendem Mond durchzuführen. Besonders wirkungsvoll sind hier jene Tage, die speziell auf die entsprechenden Körperteile wirken (siehe Kalendarium). Ebenso sind alle Maßnahmen zur Stärkung, Revitalisierung und Nährung - also alles, was dem Körper zugeführt wird bzw. was zum Wachsen anregen soll - bei zunehmendem Mond besonders wirkungsvoll.

REZEPTE FÜR NATÜRLICHE KÖRPERPFLEGE

DIE HAUT

Die Haut ist das größte Organ des Menschen - ein Atmungsorgan, das der ständigen Verschmutzung des Lebensraumes sowie der Strahlung in höchstem Maße ausgesetzt ist. Sie atmet die Stoffe, die mit ihr in Kontakt kommen - ob Luft oder Pflegeprodukte - ein. Schon deshalb sollte uns die Pflege ohne chemische und synthetische Mittel ein Anliegen sein.

Die tägliche Hautpflege

Reinigungsöl vor Gebrauch schütteln! Gesicht, Hals, Dekolleté mit Wasser befeuchten, etwas Emulsion in die Hand geben und mit den Fingern gleichmäßig auf Gesicht, Hals und Dekolleté aufbringen, leicht einmassieren, mit einem Wattepad abwischen und abwaschen.
Anschließend Gesichtswasser verwenden oder eine geeignete Lotion auftragen, mit den Fingerkuppen leicht einklopfen.
Eine zum Hauttyp passende Creme auftragen.

Reinigungsöl I: für normale bis trockene bzw. empflindliche, junge Haut
180 ml Weizenkeimöl, 20 ml Emulgator (Tween 80 aus der Apotheke), 8 Tropfen Rosenöl
Alle Zutaten in ein Fläschchen füllen, gut verschließen und kräftig schütteln, sodaß sich eine Emulsion bildet. Es empfiehlt sich, in das fertige Öl einen kleinen Rosenquarz zu legen (sozusagen als Batterie, die die Emulsion mit positiver Schwingung versorgt).

Reinigungsöl II: für fette Haut, Akne und Mitesser
180 ml Mandelöl, 20 ml Emulgator (Tween 80 aus der Apotheke), 10 Tropfen Basilikumöl
Alle Zutaten in ein Fläschchen füllen, gut verschließen und kräftig schütteln, sodaß sich eine Emulsion bildet. Der fertigen Emulsion kann ein kleiner Zitrin zugegeben werden.

Gesichtswasser I: für trockene, nervöse, spröde Haut - wirkt heilend; zur Nachreinigung
2 EL getrocknete Rosenblütenblätter aus natürlichem Anbau, 2 EL getrocknete Basilikumblätter, 200 g destilliertes Wasser, 100 g Rosenwasser, 60 g 70%-iger Alkohol, 8 Tropfen Basilikumöl, 1 TL reiner Bienenhonig.
Rosenblütenblätter und Basilikumblätter in einer Porzellanschale gut mischen und mit einer Mischung aus 40 ml des Alkohols und des destillierten Wassers übergießen. Mit einem Tuch abdecken und über Nacht an einem kühlen Platz stehen lassen. Am nächsten Tag durch ein Tuch abseihen und Rückstand gut auspressen. Flüssigkeit am besten auch noch durch einen Kaffeefilter abfiltern.
Nun Rosenwasser erwärmen, den Honig darin auflösen und zusammen mit der gefilterten Flüssigkeit in eine ausreichend große Flasche gießen. Basilikumöl im restlichen Alkohol lösen und ebenfalls in die Flasche geben. Gut verschließen und durchschütteln.

Gesichtswasser II: für eher fette, unreine Haut, Mitesser, große Poren
10 Tr. Pfefferminzöl, 1 l destilliertes Wasser, 10 g Talkumpulver
Talkumpulver im Mörser gleichmäßig verreiben, mit einer Pipette das Pfefferminzöl nach und nach einreiben, sodaß das Pulver das Öl vollkommen aufnimmt und nicht klumpt. Das Pulver in eine Flasche geben, destilliertes Wasser handwarm erwärmen und in die Flasche gießen. Verschließen und gut durchschütteln; 14 Tage stehen lassen, öfter schütteln, danach filtern und in eine schön gut verschließbare Flasche abfüllen. Zum Aufladen der Flüssigkeit einige unter fließendem kalten Wasser gewaschene, in der Sonne aufgeladene Aquamarin-Rohsteine beifügen.

Gurkenlotion: für die milde Hautreinigung
1/2 Gurke schälen und hobeln. Saft nach 10 Minuten zwischen den Händen gut auspressen und in ein Fläschchen füllen. *2 EL 70%igen Alkohol, 4 EL Mandelöl, 1 EL Zitronensaft* zufügen; gut schütteln. Mit dem Wattebausch auftragen. Zur täglichen unkomplizierten Hautreinigung. Im Kühlschrank aufbewahren.

Honig-Gesichtswasser: reinigt, erfrischt, schenkt einen rosigen Teint.
125 ml Quellwasser, 1 TL Honig, 1 EL Zitronensaft, 15 Tr. Kamillentinktur (od. Kamillosan)
Honig im warmen Quellwasser auflösen, restliche Zutaten beifügen und in ein Fläschchen abfüllen. Das Gesichtswasser soll gut verschlossen im Kühlschrank aufbewahrt werden.

Pfirsich-Hautcreme: für trockene Haut; als Tagescreme, Ganzkörpercreme
5 g Kakaobutter, 5 g Bienenwachsflocken, 1 geh. EL Lanolin anhydrid, 40 g Pfirsichkernöl, 40 g Orangenblütenwasser, 5 Tr. Orangenblütenöl
Bienenwachs u. Lanolin im kochenden Wasserbad schmelzen, Pfirsichkernöl beifügen, auf 60° erhitzen, getrennt davon Orangenblütenwasser auf 60° erwärmen und vorsichtig einrühren. Mit dem Rührgerät sehr gut verrühren, sodaß die Mischung abkühlt. Zuletzt das Orangenblütenöl tropfenweise beimengen und bis zur Erkaltung rühren.

Traubenkern-Hautcreme: für unreine Haut; als Tages- oder Nachtcreme
5 g gebleichtes Bienenwachs, 1 geh. EL Lanolin anhydrid, 40 g Traubenöl, 40 g Hamameliswasser, 3 Tr. Pfefferminzöl
Wachs im Wasserbad schmelzen, Lanolin zufügen. Sobald alles klar geschmolzen ist, Traubenkernöl hinzufügen, auf 60° erwärmen. Hamameliswasser separat auf 60° erwärmen und vorsichtig mit dem Rührgerät in die Fett-Ölschmelze einrühren. Nachdem die Creme Handwärme erreicht hat, das Pfefferminzöl tropfenweise einarbeiten und rühren, bis die Creme erkaltet ist; abfüllen.

Lavendel-Handcreme: heilt, wirkt antiseptisch
4 EL Mandelöl, 4 EL Kokosöl, 3 EL Flocken von ungefärbtem Bienenwachs, 6 EL Glyzerin, 8 Tr. Lavendelöl.
Alle Zutaten mit Ausnahme des Glyzerins und des Lavendelöls im Wasserbad schmelzen, gut vermischen und tropfenweise das Glyzerin beimengen. Den Topf von der Kochstelle nehmen alles gut durchrühren, bis eine cremige Konsistenz erreicht ist. Zum Schluß das Lavendelöl tropfenweise unterrühren.

Körpermilch:
100 ml Wasser erhitzen und mit *4 EL weißem Lehm (Apotheke) verrühren. Tropfenweise 50 ml Avokadoöl* und *4 EL verflüssigtes Lanolin* untermischen. Parfümieren sie mit einem milden ätherischen Öl ihrer Wahl.

Mundwasser:
ist aus je ein paar Tropfen Fenchelöl, Pfefferminze- und Basilikumöl in Mineralwasser leicht selbst hergestellt.

Rasierwasser: *100 ml Quellwasser, 4 EL Weingeist, 6 Tr. Lavendelöl, 4 Tr. Lemongrasöl, 6 Tr. Zeder oder eine Mischung aus anderen Duftölen.*
Alles zusammen in ein Glasfläschchen füllen, gut verschließen und schütteln.

Sonnenöl: (Sonnenschutzfaktor 3-4)
100 ml Haselnußöl, 20 Tr. Karottenöl, 10 Tr. Bergamotteöl, 5 Tr. Rosengeranienöl.
Alle Zutaten gut vermischen und abfüllen.

Lip-Gloss:
je 1 EL Kakaobutter, Mandelöl, Lanolin (aus der Apotheke) und 3 g ungefärbte Bienenwachsspäne, in einem kleinen Schälchen im Wasserbad zusammen schmelzen. Wer möchte, kann auch einen Rest Lippenstift dazugeben, dann erhält das Lip-Gloss eine rötliche Tönung. Alles gut durchmischen, evtl. noch 1-2 Tropfen Kamillenöl zugeben und in kleine Tiegel abfüllen (abnehmender Mond).

Kamillentinktur: (Gurgelwasser, Bäder, Waschungen, bei kleinen Verletzungen, Bestandteil für Naturkosmetik) *10 g getrocknete Kamillenblüten in eine Flasche mit breiter Öffnung geben, 100 g 70%igen Alkohol* darüber gießen und 5 Wochen lang gut verschlossen in der Sonne stehen lassen. Öfter durchschütteln. Abseihen, filtern und in dunkle Flaschen abfüllen.

Lavendel-Badesalz: *1 kg Küchensalz, 40 g 70%igen Alkohol, 4 Teelöffel Lavendelöl*
Salz in eine große Schüssel geben, Lavendelöl in Alkohol lösen und löffelweise mit einem Kochlöffel unter das Salz heben; gründlich verrühren; einige Stunden stehen lassen, sodaß sich der Alkohol verflüchtigen kann. In schöne Gläser abfüllen. (Auch als nettes Mitbringsel geeignet.) Pro Bad 1 Tasse der fertigen Mischung verwenden.
Tip: Anstatt Lavendelöl können auch andere hautfreundliche ätherische Öle oder Ölmischungen verwendet werden. Der Kreativität sind (fast) keine Grenzen gesetzt. Ausnahmen bilden nur hautreizende Öle.

Rosenessig: *2 Handvoll getrocknete Rosenblütenblätter, 1 l naturbelassener Weinessig, 200 g Rosenwasser, 40 g 70%iger Alkohol, 20 Tr. Rosengeraniumöl.*
In einer Flasche mit weiter Öffnung Rosenblütenblätter und Essig ansetzen. Gut verschlossen 3 Wochen an die Sonne oder an einen warmen Platz stellen. Manchmal schütteln. Abseihen und den Pflanzenrückstand gut ausdrücken. Flüssigkeit filtern und das Rosenwasser zusetzen. Das ätherische Öl im Alkohol lösen und zufügen. Als Abreibung nach dem Bad wirkt der Rosenessig belebend. Als Haarspülung (3 EL ins letzte Spülwasser) verleiht er dem Haar Glanz und Duft.

Grundrezept für Duftwässer:
1 l destilliertes Wasser, 20 g Talkumpulver, 2 ml eines ätherischen Öls (z. B. Neroli für Orangenblütenwasser; Rosenöl für Rosenwasser; Lavendelöl für Lavendelwasser etc.)
Talkumpulver in den Mörser geben, vorsichtig das ätherische Öl tropfenweise mit dem Stößel in das Pulver einarbeiten (trockenreiben), sodaß es, ohne Klümpchen zu bilden, vom Pulver aufgenommen wird. Diese Mischung in eine Flasche füllen. Das destillierte Wasser auf ca. 40° erwärmen und auf das Pulver in die Flasche gießen. Verschließen und schütteln. Diese Mischung 1-2 Wochen stehen lassen (öfter schütteln) und schließlich abfiltern. In eine gut verschließbare Flasche füllen.

Eau de Toilette:
30 ml Quellwasser, 30 ml 90%igen Alkohol, 3 Tr. Grapefruitöl, 1 Tr. Lavendelöl, 2 Tr. Myrte, 1 Tr. Zeder, 1 Tr. Sandelholzöl.
Alles in ein Fläschchen füllen, verschließen und gut schütteln.

Fußbad: erfrischend gegen Fußschweiß
Einer Schüssel lauwarmen Wassers *2 EL Meersalz und 5 Tropfen Minzeöl* zugeben (am wirkungsvollsten in der abnehmenden Phase).

Massageöl gegen Verkrampfung, Rheuma, Migräne (besonders wirksam in der abnehmenden Phase)
50 ml Weizenkeimöl, 6 ml Zitronenmelissenöl, 6 Tr. Lavendelöl in einem Fläschchen mischen und gut schütteln.

Anwendung in der abnehmenden Phase

Ausschläge und Ekzem Gesichtswasser II von Seite 47 anwenden.

Aloe-Heilerde-Maske: heilend bei Akne und fetter, unreiner Haut
2 gehäufte EL Heilerde, 1 TL Aloe-Gel vom Blatt, 1 EL Avokadoöl
Öl im Wasserbad erwärmen, vom Herd nehmen und die Heilerde einrühren, bis ein glatter Brei entsteht. Vorsichtig mit so viel heißem Wasser vermischen, bis der Brei streichfähig ist, und schließlich das aus dem frischen Blatt gewonnene Aloe-Gel unterrühren. Die Paste mit einem breiten Pinsel auf die gereinigte Haut auftragen, ca. 30 Min. einwirken lassen und dann mit viel warmem Wasser gründlich abwaschen. Mit kaltem Wasser nachspülen.
Wer eine Aloe-Pflanze zu Hause hat, kann das Gel auf folgende Weise gewinnen: Man trennt mit einem scharfen Messer das unterste äußere Blatt mit einem sauberen Schnitt ab, schneidet es an beiden Seiten ein Stück auf, klappt den Deckel hoch und drückt die benötigte Portion Gel aus der Öffnung. Anschließend verschließt man die Blatthaut wieder vorsichtig und bewahrt im Kühlschrank zur weiteren Verwendung auf (ca. 6-8 Wochen haltbar). .

Entspannendes Massageöl:
50 ml Weizenkeimöl, 2 Tr. Geranienöl, 4 Tr. Lavendel, 4 Tr. Melisse, 4 Tr. Orange, 4 Tr. Sandelholz, 1 Tr. Zimtöl, alles zusammen in ein Fläschchen füllen, gut verschließen und durchschütteln. Besonders wirksam in der abnehmenden Mondphase.

Entschlackendes Bad:
4 EL Emulgator (Tween 80), 2 Tr. Douglasie, 3 Tr. Wacholder, 3 Tr. Geranie, 3 Tr. Zitrone, 3 Tr. Wiesenkönigin (In der Schwangerschaft nicht anwenden!)

Dampfbad mit Kamille: bei Pickel
1 Handvoll Kamillenblüten mit kochendem Wasser überbrühen, ziehen lassen und das Gesicht im aufsteigenden Dampf "baden". Mit einem Badetuch abdecken.
Anschließend Honig-Gesichtswasser verwenden.

Dampfbad mit Ackerstiefmütterchen: bei unreiner, großporiger Gesichtshaut.
1 Handvoll getrocknetes blühendes Kraut mit kochendem Wasser übergießen. (Vorgang s. o.)

Eibisch-Gelee: bei Schuppenflechte, unreiner Haut, Herpes, Furunkulose etc.
4 EL Eibischwurzelteilchen ggf. auch Blüten und Blätter (Apotheke) in eine Porzellanschüssel geben und mit so viel kaltem Wasser übergießen, daß alles gut bedeckt ist. Über Nacht ziehen lassen, bis sich eine gallertartige Masse gebildet hat. Gelee durch ein Sieb abseihen. Zur äußerlichen und - leicht erwärmt - zur innerlichen Anwendung.
Tip: Dieses Gelee, das Penicillineigenschaften besitzt, wirkt auch bei Eierstock-, Gebärmutter-, Dickdarmentzündungen, bei Gastritis, Blasenkatarrh etc.

Essig-Zitronenbad: gegen große Poren, reinigend, klärend, glättend.
2 Zitronen entsaften, 2 Tassen Obstessig, 3 - 5 Tr. Zitronenöl (Mengen für ein Vollbad).

Jodsalbe bei geschwollenen Füßen
25 g Vaseline, 10 g Lanolin, 3 g Kaliumjodid
Die Zutaten werden gut vermischt und abgefüllt. (Da es sich hierbei um keine Kräuter handelt, die zur bestimmten Zeit gepflückt werden müssen, kann man zur Salbenherstellung den abnehmenden Mond wählen und die Salbe gleich abfüllen. Bester Tag für die Anwendung ist ein Fischtag bei abnehmendem Mond.)

Milch-Kleie-Bad: entschuppt, gegen Hautunreinheiten.
250 g Weizenkleie, 3 l Milch.
In die bereits erwärmte Milch die Kleie einrühren, zum Kochen bringen; mehrmals umrühren und ca. 15 Min. kochen lassen. Die Kleiemilch ins Wasser abseihen, gut ausdrücken, Kleierückstand in ein Baumwollsäckchen füllen und im Badewasser belassen.

Sauerkraut-Gesichtspackung: gegen fette, großporige Haut.
1 Handvoll rohes Natursauerkraut, 1 Tasse Sauerkrautsaft
Den Sauerkrautsaft über ein feuchtes, warmes Mulltuch leeren, das Sauerkraut auf dem Gesicht verteilen und das Mulltuch darüber legen. Diese Packung ca. 20 Min. einwirken lassen, am besten während eines Bades in der Badewanne. (Durch die warmen Dämpfe wird die Wirkung auf die Haut verstärkt.) Lauwarm abwaschen.

Reinigungsmaske: zur Tiefenreinigung.
2 EL Heilerde, 8 Stengel Petersilie, 20 g Hamameliswasser
Ungespritzte Petersilie aus dem Garten waschen, sehr fein wiegen, zerdrücken. Das leicht erwärmte Hamameliswasser (Apotheke oder siehe Grundrezept für Duftwässer) darüber gießen, 1 Std. ziehen lassen, die Mischung in die Heilerde rühren bis ein streichfähiger Brei entsteht. Diese Packung auf Gesicht und Hals auftragen (am besten, wenn man in der Badewanne sitzt). 20 - 30 Min. einwirken lassen; anschließend mit den Fingerspitzen abrubbeln.

Hefekur: gegen unreine Haut, Akne, Pickel, Mitesser, glänzende Haut, übermäßige Talgproduktion.
6 Wochen lang (ab Vollmond) morgens und abends ein haselnußgroßes Stück Hefe essen.
Fehlt Biotin in der Nahrung, so produzieren die Talgdrüsen der Haut mehr Talg als nötig. Hefe gleicht diesen Mangel aus.

Kren-Wacholder-Essig: gegen Akne, Altersflecken.
Eine *große Krenwurzel* (Meerrettich) schälen, fein reiben und in eine Flasche füllen, *Apfelessig* darübergießen, bis er fingerhoch über dem Kren steht. *5 Tr. Wacholderholzöl* dazugeben; gut verschließen, durchschütteln und ca. 14 Tage stehen lassen; öfter schütteln. Direkt aus der Flasche 3 x täglich verwenden.

Anwendung in der zunehmenden Phase

Augen-Entspannungsöl - eine Wohltat für die Augenpartie
Vor dem Schlafengehen etwas *Rizinusöl* um die Augen tupfen, leicht einklopfen.

Augenfältchen-Creme:
30 ml Jojobaöl, 6 g Bienenwachs, 7 Tr. Karottenöl, 2 Tr. Neroli
Jojobaöl und Bienenwachs im Wasserbad schmelzen, vom Feuer nehmen und auf Handtemperatur rühren. Nun Karotten- und Neroliöl tropfenweise beifügen und so lange rühren, bis die Creme erkaltet ist.

Bananen-Topfen-Nährpackung: gegen schlaffe Haut
2 - 3 überreife, braune Bananen (Restverwertung) mit etwas Topfen zu einem Brei verarbeiten. Auf trockene, schlaffe, runzelige Hautpartien auftragen, mit einem warmfeuchten Tuch abdekken. Möglichst in der Badewanne, während eines entspannenden Bades anwenden.

Dampfbad mit Fenchelsamentee: bei trockener Haut
3 EL Fenchelsamen in 2 l Wasser aufkochen und anschließend 10 Min. abgedeckt ziehen lassen.

Dampfbad mit Melisse: bei müder, alternder Haut
Eine Doppelhandvoll frischer Melissenblätter oder 3 EL getrocknete Blätter oder 6 Tropfen Melissenöl mit kochendem Wasser übergießen und zugedeckt ziehen lassen. Gesicht über die aufsteigenden Dämpfe neigen, mit einem Badetuch - in einer Art Schwitzzelt - Kopf und Gefäß abdecken.
Dampfbäder eignen sich zur anschließenden Beseitigung von Hautunreinheiten und Mitessern. Abschließend mit einer Lotion behandeln.

Duftendes Öl zur Hautpflege:
200 ml Jojobaöl und 6 Tr. Rosengeraniumöl in einem Fläschchen vermischen und einen *blühenden Lavendelzweig* dazu in die Flasche geben. Sieht hübsch aus und wird auch als Geschenk gerne genommen.

Erdbeermaske: erfrischt den Teint
Einige *Erdbeeren* gut waschen, zerdrücken und mit etwas *Sahne und 1 TL Honig* zu einem Brei verrühren, den man gleichmäßig auf Gesicht und Hals aufträgt. 20 Min. einwirken lassen und dann mit viel lauwarmem Wasser abwaschen.

Feuchtigkeitsmassageöl: zur Anwendung nach dem Bad
200 ml Mandelöl und 6 Tr. Rosenholzöl in einem Fläschchen gut vermischen.

Haut-Pflegebad: (für die Dame)
4 EL Emulgator, 3 Tr. Grapefruitöl, 2 Tr. Jasminöl, 3 Tr. Sandelholzöl, 2 Tr. Vetiver, 2 Tr. Ylang-Ylang
Kinder-Pflegebad: hautnährend - auch für Erwachsene gut
1/8 l Sahne od. Kondensmilch, 1 EL Honig, evl. 2-3 Tr. Kamillenöl zusammen mit heißem Wasser verrühren, bis sich der Honig gelöst hat, ins Badewasser gießen.

Nährmaske:
1 Dotter, Olivenöl, Zitrone, Gurkenscheiben od. -schalen
Aus Dotter, Öl und Zitronensaft eine Mayonnaise rühren; messerrückendick auf Gesicht, Hals, und Dekolleté auftragen (20 Min. im Bad entspannen); abwischen, lauwarm abwaschen; anschließend Haut mit Gurkenscheiben abreiben, bzw. mit der Innenseite von Gurkenschalen.

Öl-Halswickel: bei älterer, schlaffer Haut
20 ml Weizenkeimöl, 2 Tr. Lavendelöl (in einem Fläschchen gut vermischen)
Warmes Öl auf ein Mulltuch auftragen, auflegen. Kompresse während des Bades einwirken lassen.

Regenerationscreme für trockene Haut: (belebend, verjüngend)
1 gehäufter Kaffeelöffel Lanolin anhydrid, 5 g Bienenwachs, 60 g süßes Mandelöl, 40 g Rosenwasser, 2 Tr. Rosenöl.
Wachs u. Lanolin im Wasserbad schmelzen, Mandelöl beifügen, und auf 60°C erwärmen. Getrennt das Rosenwasser auf 60°C erwärmen und Rosenöl hinzufügen. Mit dem Rührgerät das erwärmte Wasser vorsichtig in die Fettschmelze rühren (auf kleinster Stufe bis es erkaltet ist) - abfüllen.

Topfen-Petersilienpackung: für empfindliche Haut
4 EL Topfen mit einer Handvoll gehackter Petersilie vermischen und auf Gesicht und Hals auftragen; ein feuchtes, warmes Tuch darüberlegen und ca. 30 Min. einwirken lassen. Am besten wirkt diese Packung in den feuchten Dämpfen während eines entspannenden Bades.

DAS HAAR

Haarpflege mit dem Mond

Wenn bei abnehmendem Mond geschnitten wird - langsamerer Wuchs, Haar wird eher dünner.
Wenn bei zunehmendem Mond geschnitten wird - schnellerer Wuchs, haarkräftigend. (Ausnahme Fische, Krebs.
Wenn bei aufsteigendem Mond geschnitten wird - schnellerer Wuchs.
Wenn bei absteigendem Mond geschnitten wird - langsamer Wuchs, kräftigend, festigt Wurzel.
Bei Vollmond geschnittenes Haar behält lange die Form, bleibt kurz; dunkles Haar wird heller.
Bei Neumond geschnittenes Haar bekommt einen Wachstumsschub.

Widder: bei zunehmendem Mond Schneiden günstig für Lockenpracht; Dauerwelle hat kürzere Einwirkzeit, da dieses Zeichen auf die Wärme wirkt. - Vorsicht beim Fönen und Trocknen! Haar kann brüchig werden.

Stier: Haar im Stier geschnitten, legt sich nicht. Wächst ab der Wurzel stark und steif.

Zwilling: Schneiden bei zunehmendem Mond günstig für schnellen Wuchs; Fülle; fliegt jedoch leicht (evtl. Festiger verwenden).

Krebs: günstig fürs Haarewaschen ungünstig fürs Schneiden

Löwe: und besonders zunehmender Mond: Schnitt für volles Männerhaar; für Dauerwelle nicht geeignet (Krause), starker Wärmeeinfluß - erhöhte Vorsicht ist beim Fönen und Trocknen geboten!

Jungfrau: besonders günstig für langes Frauenhaar. Schneiden stärkt Struktur und Wurzel.

Waage: ausgeglichen, behält Form.

Skorpion: günstig fürs Haarewaschen und Schneiden (wächst nicht so schnell nach)

Schütze: Dauerwelle kürzere Wirkzeit. Vorsicht! Hitze wird heute mehr aufgenommen!

Steinbock: Schneiden - Festigung der Haarstruktur und Wurzel, wird jedoch eher grau.

Fische: ungünstig für Schnitt und Wäsche - Haar wird schuppig und struppig; ungünstige Wirkung auf die Haarstruktur.

Wassermann: günstig für schnellen Wuchs, Fülle; fliegt jedoch leicht.

Rezepte für natürlich schönes Haar

Birkenblätterkopfwasser: bei schuppender und fetter Kopfhaut, Kopfjucken, Haarausfall
20 g Birkenblätter-Tinktur, 80 g Hamameliswasser, (Apotheke od. Rezept unter Hautpflege, Duftwasser) 3 Tr. Melissenöl mischen.
Nach jeder Haarwäsche gründlich in die Kopfhaut einmassieren. Regelmäßig anwenden!

Brennesselwurzel-Wein: fördert den Haarwuchs
Eine *Doppelhandvoll gereinigter, geschnittener, bei Vollmond gesammelter Brennesselwurzeln* in *1 l Weißwein* kochen (20 Min.), abfiltern und bei abnehmendem Mond abfüllen. Nach jeder Haarwäsche kurmäßig (8 Wochen) anwenden - einmassieren; mit abnehmendem Mond beginnen!

Brunnenkresse-Spülung: bei schütterem, brüchigem Haar
1 Handvoll Brunnenkresse fein hacken und mit *1/2 l Wasser und 1 EL Obstessig* übergießen. Stehen lassen und am nächsten Tag abseihen. Nachdem das Haar gründlich mit reinem Wasser gespült wurde, abschließend die Brunnenkresse-Spülung anwenden (am wirkungsvollsten bei zunehmendem Mond und Steinbock).

Ei-Zitronenpackung: bei strapaziertem, sonnengeschädigtem Haar; spröde Spitzen
1 Eigelb und den *Saft einer Zitrone* gut verrühren und in sanft kreisenden Bewegungen auf Haar, Kopfhaut und ganz besonders in die Haarspitzen einmassieren. Ein Plastiksackerl aufsetzen, Badetuchturban darüber und mindestens 1/2 Stunde einwirken lassen. Mit einem milden Shampoo gründlich auswaschen und zum Verschließen der Poren einen Schuß Obstessig ins letzte Spülwasser geben.
Bei stark strapaziertem Haar bis zu 4 x wöchentlich anwenden (bei zunehmendem und Vollmond).

Fettes Haar - Reinigung:
Auch mit stark fettendem Haar braucht man auf die Kopfwäsche nicht verzichten, wenn anstatt der üblichen Shampoos folgende Spezial-Waschcreme verwendet wird:
1 Eidotter mit einem Schuß Weinbrand verrühren und wie gewohnt Haar und Haargrund reinigen. Diese Mischung reizt die Talgdrüsen der Kopfhaut nicht.
Auch Gesichtswasser II von Seite 47 eignet sich für Abreibungen der Kopfhaut bei fettem Haar und Schuppen. Ergänzend eine Hefekur (s. Seite 51).

Haar-Glanz-Festiger: (Maße für mittlere Haarlänge)
1 TL Bienenhonig in *1/4 l warmem Wasser* auflösen und *1 Spritzer Obstessig* dazugeben. Nach der Haarwäsche sanft ins Haar einmassieren. Verleiht Halt, Glanz, Griffigkeit und Fülle.

Haarwuchsöl: auch bei sprödem, mattem Haar
Je 2 EL Rizinusöl, Lanolin, Olivenöl und Klettenwurzelöl (Apotheke) in einem Schälchen unter ständigem Rühren im Wasserbad schmelzen. Noch warm auftragen und einmassieren. Nun einen

Plastiksack überstülpen und ein Badetuch wie einen Turban um den Kopf wickeln, ca. 2-3 Stunden einwirken lassen. Anschließend das Haar mindestens 3 x shampoonieren, da sich die Ölmischung schlecht entfernen läßt. (Zunehmende Phase)

Haarshampoo: *750 ml destilliertes Wasser* kochen, *50 g ungefärbte Schmierseife* darin auflösen, *15 g Pottasche* hinzufügen, auf 1/2 l einreduzieren lassen. Nach dem abkühlen *2 TL eines milden Duftöls* in *50 g 70%igem Alkohol* lösen und alles zusammen in eine gut verschließbare Flasche füllen, gut schütteln. Wenig reicht aus.

Natürliche Haartönung

Natürliche Mittel schädigen das Haar nicht, sondern tragen zu dessen Gesundhaltung bei. Natürliche Haartönungen am besten an Luft/Lichttagen durchführen; zunehmend, absteigend.

Blondes Haar: läßt sich mit Kamillentee aufhellen. *2 Handvoll Feldkamille oder 20 Blüten römische Kamille (aus der Apotheke) mit 1 l kochendem Wasser* überbrühen und 1 Stunde ziehen lassen. Dann den Saft einer Zitrone beifügen, abseihen und das Haar als letzte Spülung damit spülen.
Oder man verwendet Ringelblumentee in gleicher Weise.

Braunes Haar: belebt man mit Nußschalen- oder Nußblättertee. Mit der Zugabe von etwas Schwarztee kann man einen noch intensiveren Farbton erzielen.
1 Handvoll grüne od. getrocknete Nußblätter oder grüne Fruchthüllen in einem halben Liter Wasser kurz aufkochen, dann eine halbe Stunde ziehen lassen. Den Tee in das Waschbecken abseihen und damit mit den Händen ca. 5 Minuten lang immer wieder das Haar "beschöpfen".

Dunkelbraunes bis schwarzes Haar: Rosmarinspülung verleiht dem Haar eine kräftige Farbe und wirkt zudem belebend auf Haar und Kopfhaut, stimuliert das Gehirn und fördert daher das Gedächtnis. Ca. *10 Zweige Rosmarin* in kurze Stücke brechen und in eine Schüssel legen. *2 l Quellwasser* in einem Topf zum Kochen bringen, über den Rosmarin gießen und 5 Std. ziehen lassen; abseihen und *150 ml Apfelessig* sowie *6 Tr. Rosmarinöl* untermischen. In Flaschen füllen und verkorken.

Für roten Schimmer verwendet man Hennapulver (in den Drogerien erhältlich). Bei blondem oder gebleichtem Haar bitte nur mit äußerster Vorsicht gebrauchen, da es karottenfarbige Tönungen hervorrufen kann. (Erst mit einem abgeschnittenen Strähnchen die Einwirkdauer ausprobieren!) *Henna-Pulver* mit einem *Eidotter* und so viel *heißem Wasser* anrühren, daß ein Brei entsteht, der gerade noch vom Löffel fließt. Nicht erschrecken! Die grüne Farbe wandelt sich in einen Rotton.
Haare scheiteln und den Hennabrei auftragen, sodaß das ganze Haar bedeckt ist. Einen Plastiksack darüberstülpen und mit einem Frottiertuch-Turban befestigen. Die feuchte Wärme bewirkt die Tönung. Vorsicht an Wärmetagen (Widder, Schütze und besonders Löwe!). An diesen Tagen wirkt die Färbung schneller als sonst. Die Einwirkzeit beträgt je nach Intensität der gewünschten Farbe 10 Minuten bis 2 Stunden.

NÄGEL

Aus den Finger- und Zehennägeln eines Menschen lassen sich Mangelerscheinungen und Krankheiten ablesen. Es sollte ihnen daher besondere Beachtung zukommen.
Bei der Nagelpflege ist wiederum zu beachten, daß alles Reinigende, Klärende, sowie das Schneiden und in-Form-Bringen bei abnehmendem Mond generell sinnvoller ist. Sollte jedoch zum Wachstum oder zur Nagelstärkung angeregt werden, ist der zunehmende Mond beim Schneiden zu bevorzugen.

Achtung: Fingernägel nicht an Zwillingtagen schneiden oder mit Metall bearbeiten. Für alle pflegenden Maßnahmen ist der Zwilling jedoch besonders geeignet.

Zehennägel nicht an Fischetagen schneiden oder mit Metall bearbeiten. Für alle pflegenden Maßnahmen ist der Fisch jedoch besonders geeignet.

Was die Beschaffenheit der Nägel betrifft, sind auch Hornzeichen (besonders der Steinbock) wichtige Tage, um Mängel auszugleichen oder zu korrigieren.

Patentrezepte für die Nägel

Fingernägel bei grober Schmutzarbeit sauberhalten:
Man kratzt mit den Fingernägeln über ein Stück leicht aufgeweichter Kernseife, sodaß der Zwischenraum zwischen Haut und Nagel mit Seife gefüllt ist. Nach der Arbeit Hände mit Seife und sehr warmem Wasser waschen und die Nägel bürsten - fertig!

Feste Nägel: Mit der ölhaltigen Schale einer Zitrone nach jedem Waschen die Fingernägel einreiben.
Tip: Werfen sie ausgepreßte Zitronen nicht weg. Wer sie griffbereit auf den Waschbeckenrand legt, hat stets Vorrat im Haus.

Nagelbett-Entzündung:
50 g Käsepappel über Nacht im Kaltansatz zustellen. Jeden Abend vor dem Schlafengehen den Ansatz erwärmen und Hand oder Fuß darin 20 Min. baden. Kaltgestellt kann der Ansatz zweimal wiederverwendet werden.
Anschließend streicht man etwas Ringelblumensalbe oder Schweinefett auf die entzündete Stelle und legt eine Schwedenkräuter-Auflage darüber. Gut befestigen und über Nacht anwenden.

Nagelpflege: Zitronenöl eignet sich besonders gut zur Nagelpflege. Nach dem Handbad Nägel und Nagelhaut mit Zitronenöl einreiben, etwas einwirken lassen und die Nagelhaut zurückschieben (abnehmender Mond).

Nagelpilz: Befallene Teile mit Gesichtswasser II von Seite 47 waschen (abnehmende Phase).

Zinnkraut-Bad: gegen brüchige, splitternde Nägel
1 TL Zinnkraut pro Tasse 3 Stunden kalt ansetzen, kurz aufkochen und 3 Min. ziehen lassen. Zweimal wöchentlich ein zehnminütiges Wechselbad aus warmem Öl (am besten Mandelöl) und Zinnkrauttee, so werden die Fingernägel wieder fest und glatt. Zur Unterstützung der Kur trinkt man während der zunehmenden Mondphase täglich 2 Tassen Zinnkrauttee (Rezept siehe oben) oder Tee aus frischem Kraut (1 Handvoll auf 1/2 l Wasser - gleicher Vorgang).

Zinnkrauttee: Rezept siehe Zinnkraut-Bad
Wer an Horntagen bei zunehmendem Mond Zinnkrauttee trinkt, wird keine Probleme mit brüchigen Nägeln oder brüchigem Haar bekommen. (Auch auf die Entwicklung von Sehnen, Gelenken und Knorpeln wirkt sich die Kieselsäure des Zinnkrauttees vorteilhaft aus.)

Gesplitterte, brüchige Nägel weisen auf einen **Kieselsäuremangel** hin (Begleiterscheinungen sind auch Niedergeschlagenheit und Nervenschwäche). Eine Teekur schafft Abhilfe: je ein Teil *Anserine* (Gänsefingerkraut), *Kamille, Heidekraut, Spitzwegerich* und *Zinnkraut* mischen. 3 EL dieser Mischung in 3/4 l kaltem Wasser mehrere Stunden ansetzen; kurz aufkochen, 3 Min. ziehen lassen und in eine Thermoskanne abseihen. 1 Tag nach Neumond beginnend 3 Wochen lang 3 Tassen täglich schluckweise trinken.

Wunder und die Natur sind an sich nichts Widersprüchliches;
sie stehen lediglich zu dem im Widerspruch,
was uns von der Natur bekannt ist.

Der heilige Augustin

TIPS

Augenfalten: Avocadoöl strafft die Hautpartie um die Augen, sodaß Falten geglättet werden. Avocadoöl ist sehr mild und deshalb gut verträglich.

desodorierender Puder: 100 g weiße Naturerde im Mörser verreiben und 10 Tr. Salbeiöl tropfenweise trocken einarbeiten.

eingewachsene Fußnägel: Zur Entspannung der Oberfläche einen kleinen Schnitt in die Mitte des oberen Nagelrandes machen.

fleckige Haut: Holunderblütenwasser: 100 g Holunderblüten (zerdrückt) mit 300 ml kochendem Wasser übergießen, stehen lassen, bis die Flüssigkeit abgekühlt ist, filtern und mit Eau de Cologne in ein Fläschchen füllen.

Fußnägel: stets nach dem Bad waagrecht schneiden, ohne Rundung der Ecken, sonst wachsen sie leicht ein

Haartrocknung: Nasses Haar ist äußerst empfindlich. Schon beim Trockenfrottieren ist deshalb Vorsicht geboten. Stets von den Haarwurzeln bis hin zu den Spitzen abtrocknen oder abstreifen. Dies gilt auch für das Fönen. Den Luftstrom niemals von den Haarspitzen in Richtung Haarwurzeln führen, da sonst die heiße Luft unter die Hornschuppen des Haares eindringen kann und auf diese Weise die Haarstruktur geschädigt wird.

Haarwäsche: Warum nicht einmal mit Kernseife versuchen?

Haarspülung: Schimmerndes Haar bekommt man, wenn man einen Schuß Apfelessig ins letzte Spülwasser gibt.

Haut-Kur: 1 TL Apfelessig, 1 TL Honig in 1/4 l lauwarmem Wasser; mogens trinken.

Hautreinigung: Buttermilch auf Gesicht und Hals auftragen; leicht einmassieren, lauwarm abwaschen. Ein einfaches, unkompliziertes Mittel, das den Säureschutzmantel der Haut erhält.

Hautstraffung: Schwarztee-Bad: 1-2 l starken Schwarztee eine halbe Stunde ziehen lassen; abgeseiht ins Badewasser geben.

Hornhaut:	an den Fersen mit Mandelöl und 1 EL Kristallzucker abreiben.
Johanniskrauttee:	kann die Haut lichtempfindlich machen. Vorsicht bei Sonnenbädern!
Nägel festigen:	regelm. mit Zitronenschale einreiben; Zinnkrauttee trinken.
Nagelbettentzündung:	Kaltansatz aus 50 g Käsepappel über Nacht ansetzen und abends 20 Min. Füße oder Hände darin baden (Kaltansatz kaltstellen und 3 x wiederverwenden).
rauhe Hände:	mit einer Mischung aus Mandelöl u. Zitronensaft einreiben.
rauhe Haut:	am Ellbogen wird mit einer 1:1 Mischung aus Zitronensaft und Glyzerin geglättet.
rote Äderchen:	das Vitamin P des Grapefruit-Saftes verengt die Haargefäße und sie werden unsichtbar. Grapefruit-Saft auftragen.
Schuppen:	2 x wöchentlich die Kopfhaut mit Kleie waschen (bei abnehmendem Mond) u. Lanolincreme über Nacht mit auf die Kopfhaut einwirken lassen (zunehmend, absteigend).
Sonnenbrand:	mit Buttermilch oder in abgekühltem Salbeitee getränkter Kom presse behandeln. In schweren Fällen Johanniskrautöl auftragen.
trockene Haarspitzen:	Haarspitzen mit Orangenöl massieren, (jedoch nicht von den Spitzen nach einwärts gegen die Hornschuppenstruktur)!
Trockenshampoo:	Manchmal ist eine normale Haarwäsche unmöglich. Abhilfe schafft ein Trockenshampoo: Eine halbe Tasse Maismehl mit 1 TL Salz mischen, in einen Salzstreuer füllen und leicht über fettiges Haar stäuben. Frottieren und gut ausbürsten.
unreine Haut:	frische Brombeerblätter zu Brei kochen, auf ein Mulltuchstreichen und auf die unreinen Hautstellen auflegen. Nach 20 Min. abwaschen. Zur Unterstützung täglich 3 Tassen Brombeerblättertee trinken.
Zahnbelag:	Eine Messerspitze Natron auf die Zahnbürste - wie gewohnt putzen.

HAUS

Wohnen ist ein Grundbedürfnis des Menschen. Die Behausung ist Schutz und Zufluchtsort, ein Platz der Geborgenheit. Die wohlige Atmosphäre eines soliden Baues trägt wesentlich zum Wohlbefinden und zur inneren Harmonie des Menschen bei.

HAUSBAUTABELLE

Um ein Gebäude - einen Hort der Zufriedenheit - von Wert und Dauer zu schaffen, ist zu empfehlen, beim Hausbau nachstehende Tabelle zu beachten. Auf diese Weise können später auftretende Mängel und damit verbundener Ärger weitgehend verhindert werden.

Ausmessen von Störzonen	am Bauplatz Vollmond oder 2. Hälfte zunehmend.
Kelleraushub	abnehmender Mond (nie an Wassertagen wegen Grundwasser); an Hängen bei abnehmendem Mond, und Erdzeichen wegen Erdrutschgefahr.
Fundament	Wasserzeichen weniger geeignet; am besten ab
Kellerwände aufziehen	Licht-Wärmetage (evtl. noch Erdzeichen); am besten ab
Kellerdecken gießen	nicht an Löwetagen oder ständig feucht halten.
Tragende Wände	bei abnehmendem Mond, wegen besserer Trocknung.
Dachstühle setzen	bei abnehmendem Mond, am besten Steinbock, evtl. Stier; nie an Krebs.
Dach decken	bei abnehmendem Mond und Licht- oder Wärmetag.
Verputzarbeiten	bei abnehmendem Mond; Krebs und Löwe meiden.
Holzverschalung außen	bei abnehmendem Mond; Krebs meiden.
Zwischenwände innen,	Betonarbeiten innen keine Beschränkung.
Elektroinstallation	keine Beschränkung.
Wasserinstallation	an Wassertagen, besonders zu
Holztreppen	Holzfenster, Türen, Holzdecken, Holzböden, Vertäfelungen. abnehmender Mond, am besten Steinbock und aufsteigend.
Öfen, Kamine setzen	zu
Bodenbeläge	passen sich gut an bei abnehmendem Mond.
Erstes Heizen	bei abnehmendem Mond und Wärmetag.
Maler- und Lackierarbeiten	Imprägnierung ab, nicht an Löwe- und Wassertagen.
Boden und div.	kleben (abnehmender Mond), nicht an Krebs.
Steinwege, Platten legen	bei abnehmendem Mond, nicht an Krebs; Steinbock, Erdzeichen am besten.
Pfähle, Zäune, Stangen	Piloten etc. setzen: abnehmender Mond oder Neumond und Erdtage (nicht an Krebs).

VM = Vollmond, NM = Neumond,
zu = zunehmender Mond, als Ersatztermin aufsteigender Mond
ab = abnehmender Mond, als Ersatztermin absteigender Mond

DER RICHTIGE PLATZ

Erdstrahlen, Wasseradern & Co. und ihre Auswirkungen auf den Menschen

Der Mensch lebt in ständiger Beziehung mit Energiefeldern verschiedenster Art - fördernden oder schwächenden. Positive Felder harmonisieren uns, geben uns Kraft und Wohlbefinden. Andere schwächen uns und beeinflussen unsere Gesundheit negativ. Besonders nachts, wenn unsere Körperfunktionen reduziert sind und wir uns in einer Regenerationsphase befinden, wirken diese Energien auf uns ein. Dann sind wir sozusagen "auf Empfang geschaltet" und nehmen die uns unmittelbar umgebenden Energien und feinen Schwingungen in uns auf.
Hier wird uns der Ausspruch des Dr. Theophrastus Bombastus von Hohenheim - genannt Paracelsus- besonders deutlich vor Augen geführt, der besagt: " Das Unsichtbare hat seine Wirkung im Sichtbaren."
Wenn ein Mensch längere Zeit auf einem Kreuzungspunkt von Wasseradern oder anderer negativer Kraftlinien liegt, kann dies auf die Dauer eine massive Störung seiner Gesundheit hervorrufen; je nachdem, wo unter seinem Körper sich diese Kreuzung oder das negative Kraftfeld befindet. Die Intensität dieser Störfelder richtet sich meist nach der Beschaffenheit des Untergrundes. Anomalien in der Erdkruste, unterirdische Hohlräume und z. B. Risse in den unteren Felsschichten - durch Erdbeben hervorgerufen - machen die ansonsten abschirmende Erdkruste durchlässig und die Strahlung kann aus dem Erdinneren austreten.
Die meisten Wasseradern z. B. wirken umso stärker, je höher man sich darüber befindet. Ihre Strahlung breitet sich nach den oberen Wohnetagen hin keilförmig aus. Massivdecken wirken in diesem Fall auch noch als Verstärker. Auch negative Gedanken sowie die unglückliche Anordnung von Formen, Farben oder Gegenständen im Raum (Feng Shui) können diese Störfelder noch intensivieren.
Je nach Mondstand verändern unterirdische Wasseradern ihre Breite und Strahlungsintensität. Auch hier wirkt sich die hohe Kraftentfaltung bei Vollmond, und bis zu 3 Tagen davor, am stärksten anschwellend, auf die unterirdischen Wasserläufe aus.
Am besten, man läßt sich noch vor der Bauplanung von einem erfahrenen Rutengeher oder Radiästheten den besten Standort für das Haus ausmessen. Er ist auch in der Lage Felder oder Linien mit positiver Energie für Sie ausfindig zu machen. Diese Stellen eignen sich hervorragend für die Schlafräume in ihrem neuen Heim. Es sind Orte der Kraft, an denen der Körper die Möglichkeit hat, sich wie an einer Batterie mit positiver Energie aufzuladen.
Andererseits ist es auch angezeigt bei Schlafstörungen und beginnenden Gesundheitsproblemen seinen Schlafplatz austesten zu lassen. Sehr oft schon konnte eine Umstellung der Betten Abhilfe schaffen.
Auch nach Operationen und erfolgreichen Therapien ist es wichtig, den Schlafplatz auf diese Strahlungen hin untersuchen zu lassen. Und meist wird sich zeigen, daß eine Umstellung der Betten vorgenommen werden muß, um einen wirkungsvollen Gesundungsprozeß einzuleiten und zu verhindern, daß dieselben Störfelder am Menschen wieder wirksam werden können.
Tiere, Pflanzen und Bäume spüren die Strahlung intuitiv und wehren sich gegen diese Einflüsse. Der zivilisierte Mensch, der verlernt hat, auf die feinen Signale zu hören, wird meist erst nach Gesundheitsproblemen aufmerksam. Spätestens dann aber sollte gehandelt werden.

FENG SHUI

Wohnen in Harmonie - im Einklang mit der Umgebung sein.

Wohn- u. Lebensräume sollen Orte der Kraft für den Menschen sein. Im Durchschnitt verbringen wir ca. 90% unserer Zeit in Gebäuden. Innenräume sind damit also unsere zweite Haut. Die Wohnung ist unser Spiegelbild. Man kann sagen: wie innen, so außen. Wohn- und Lebensbereiche sollen so angelegt, gebaut und möbliert sein, daß sie auf uns Menschen positiv wirken. Diese Tatsache ist zwar noch wenig bekannt, aber Gedanken, Sinne, unsere ganze Lebenssituation, Gesundheit, Lebensfreude und Wohlstand werden dadurch beeinflußt. Es gelingt oft schon mit ein paar kleinen Veränderungen, die Lebensenergie anzuheben und in den Wohnräumen harmonisch zu verteilen - somit die äußeren Voraussetzungen für ein glückliches Leben zu schaffen. Die Chinesen nennen diese Energie Chie - Lebensenergie. Wie Chie im menschlichen Körper in bestimmten Bahnen zirkuliert, fließt es nach chinesischer Auffassung auch in unseren Lebens- und Wohnräumen. Wenn diese Lebensräume nun ein niedriges Chie aufweisen, sind die Folgen davon Müdigkeit, Gesundheitsprobleme, Beziehungskrisen und der Verlust der Vitalität. Das Chie jeden Raumes ist bestimmbar und kann schnell und dauerhaft auf ein höheres Niveau gebracht werden. Wie man mit Tai-Chie, Chie Gong und Akupunktur den Energiefluß im Körper des Menschen optimieren kann, so ist dies mit Hilfe von Feng Shui in Haus und Wohnung möglich. Bereits vor Jahrtausenden wurden in China diese Zusammenhänge entdeckt und zu einer Harmonielehre entwickelt, die bis heute gepflegt und hoch geachtet wird. In Hongkong werden heute noch Wolkenkratzer wie z. B. die Bank of China - das höchste Gebäude in Hongkong - nach Feng Shui gebaut. Und in letzter Zeit gewinnt Feng Shui auch in Europa und Amerika immer mehr an Beliebtheit.

Die zugrunde liegede Philosophie ist logisch: Alles lebt. Selbst der massivste Felsbrocken ist nichts anderes als verdichtete Information und Energie. Und alles Lebendige beeinflußt sich gegenseitig. Umgelegt auf unseren Alltag heißt das: je harmonischer und höher die Energie in meinem Lebensraum, desto förderlicher wirkt sich dies auf mich aus. Ist das Lebensumfeld in Disharmonie, erzeugen wir zwangsläufig unerwünschte Ereignisse. Über Jahrtausende hat sich Feng Shui aus der Naturbeobachtung, d. h. aus der Praxis entwickelt. Wenn man einfach für möglich hält, daß eine Wohnung oder ein Haus wie ein lebendiger Körper funktioniert, dann kann man auch erahnen, wie jeder Teil dieses Körpers eigene Aufgaben übernimmt - wenn die Energie fließen kann und Aufnahme, Zirkulation und Abgabe im richtigen Verhältnis stehen. Wir alle kennen die Momente, in denen wir uns spontan wohl fühlen, wenn wir einen Raum betreten. Aber auch genau das Gegenteil kann der Fall sein. Ein unbestimmtes Unbehagen überkommt uns. Hier kann Feng Shui unter Berücksichtigung gewisser Faktoren wie Geburtsdaten, Elemen- tenzugehörigkeit etc. praktische Hilfestellung geben. Feng Shui wirkt ganzheitlich auf den Menschen durch seine natürliche Umgebung, seinen Wohn- und Arbeitsbereich; denn nicht jeder Platz, Ort oder jede Himmelsrichtung ist für jeden Menschen gleich gut.

Text mit freundlicher Genehmigung von Herrn Karl Sturm, "Wege zur harmonischen Lebensenergie", Radiästhesie, Feng-Shui, Kinesiologie
Kemating 4, A-4863 Seewalchen; Tel. 07662/3317

REZEPTUREN

Duftende Möbelpolitur:
100 ml Jojobaöl mit 30 Tropfen Orangenöl und 40 Tr. Zirbelkiefernöl in einem Fläschchen vermischen und gut schütteln.

Feuchter Keller:
Stellen Sie zur Trockenlegung ca. *50 dag ungelöschten Kalk,* verteilt in mehreren Blechdosen, im Kellerraum auf (besonders wirkungsvoll in abnehmender Phase, aufsteigende Kraft).

Geschirrspülmittel:
500 ml Flüssigseife, 5 Tr. Kamillenöl, 10 Tr. Zitronenöl, 5 Tr. Lavendelöl, abfüllen und gut schütteln.

Holzpolitur mit Bienenwachs:
50 g Bienenwachsflocken, 10 g gebleichtes Bienenwachs, 300 ml reines Terpentin, 25 g Kernseifenflocken, 150 ml kochendes Wasser, 6 Tropfen Zedernöl.
Wachs und Terpentin langsam im Wasserbad erwärmen, bis das Wachs geschmolzen ist. Die Seifenflocken in das kochende Wasser einstreuen und rühren, bis sie aufgelöst sind. Seifenwasser nun bis zur Handwärme abkühlen lassen, dann mit dem geschmolzenen Wachs zu einer Emulsion verrühren. In gut verschließbare Fläschchen füllen. Diese lang haltbare Emulsion eignet sich hervorragend zur Pflege wertvoller, alter Holzmöbel. Nur dünn auftragen und gründlich nachpolieren!

Korbmöbelpflege: Um Korbmöbel vor dem Vergilben zu bewahren, wäscht man sie mit warmem Salzwasser, ca. *100 g Salz auf 5 l Wasser.*
Gelegentliches Einreiben mit *Zitronenöl* bewahrt das Geflecht vor dem Austrocknen.

Lederpflegemittel: *100 g geraspeltes Bienenwachs, 600 ml reines Terpentin, 550 ml kochendes Wasser, 25 g Seifenflocken.* Bienenwachs in Terpentin auflösen und vorsichtig im Wasserbad erhitzen. Seifenflocken im kochenden Wasser auflösen und abkühlen lassen. Anschließend die Seifenlauge evtl. mit einem Handrührgerät vorsichtig unter das aufgelöste Wachs rühren, sodaß eine Emulsion entsteht. In Flaschen füllen und gut verschließen. Schützt und imprägniert Leder.

Möbelpolitur: *50 ml Sesamöl und 30 Tr. Fenchelöl* vermischen. Ein weiteres Rezept: *30 ml Traubenkernöl und 20 Tr. Lemongrasöl.* (bewahrt vor Austrocknung).

Raumspray zur Desinfektion:
500 ml Wasser, 5 Tropfen Minzeöl, 5 Tr. Lemongrasöl, 10 Tropfen Wacholderöl in eine Zerstäuberflasche füllen und anwenden.
Sie können auch eigene Duftnoten nach Bedarf zusammenstellen (Duftöle und ihre Wirkung finden Sie auf Seite 70).

NATÜRLICHE SCHÄDLINGSBEKÄMPFUNG IM HAUS

Man muß den kleinen Quälgeistern im Haus nicht mit der "chemischen Keule" zu Leibe rükken, um sie loszuwerden. Alles läßt sich auf natürliche, schonende Weise regeln. Beachten sie bitte, daß Schädlingsbekämpfung bei abnehmendem Mond bzw. bei Neumond am günstigsten ist, um dauerhafte Erfolge zu erzielen.

Ameisen: *Poleiminze, Zitronenschalen* auslegen.

Bakterien: *Lavendelöl* oder *-auszug* in Wasser zur Hände-, Kleider-, Raumdesinfektion, bes. auch zur Krankenpflege verwenden. Mit Lavendelöl in der Duftlampe über Nacht Zimmer ausräuchern, die Kranke beherbergten, bzw. bakteriell verseuchte Räume und Stallungen.
Fenchelöl wirkt antiseptisch und antibakteriell. Töpfe zur Lebensmittellagerung damit präparieren, Küchenschränke innen damit waschen (ins Putzwasser).

Fliegen: *Holundersträucher* ums Haus, halten Fliegen fern.
Holunderblatt-Tee als Putzwasser vertreibt Fliegen in Haus und Stall.
Getrocknete Fliederblüten und *Poleiminze* im Haus aufhängen (als Gesteck oder evtl. als Potpourri).
Auch eine mit *Nelken gespickte Zitrone* tut gute Dienste.
Getrocknete *Brennesselblätter*

Flöhe: *Poleiminze, Eberraute, Basilikum, Ysop, Raute*

Gelsen: 2 Tropfen *Nelkenöl* auf die Glühbirne - Duft hält Gelsen fern.
Man kann auch Schalen mit etwas Wasser und 2-3 Tropfen Nelkenöl vor gekippten Fenstern aufstellen. Auch Gärfliegen werden auf diese Weise von Obst ferngehalten.
Lavendel

Gerüche: (Durch Bakterien verursacht) *Petit Grain-Öl* gegen üble Gerüche (Schuhe, Kleider).

Insekten allgemein: *Nelken- od. Lavendelöl* ins Putzwasser oder entspr. Menge Lavendel, *Majoran, Rosmarin oder Rainfarn* in heißem Wasser ziehen lassen und mit diesem Auszug Böden, Kacheln usw. wischen. *Eukalyptus* und *Geranienöl,* sind ebenfalls geeignet (auch in Duftlampen).

Kellerasseln: Eine ausgehöhlte, rohe *Kartoffel* auslegen. Die Asseln verstecken sich darin und können so abgesammelt werden.

Motten: *Zedernholz*-Kugeln in Kästen hängen oder Säckchen mit getrocknetem *Lavendel, Eberraute, Ysop oder Mutterkraut.*

Mücken: *Lavendel* ins Putzwasser.

Ratten: und Mäuse - *Katzenminze* auslegen.

Schimmel: Mangelhaftes bzw. falsches Lüften der Räume kann Schimmelbildung an den Wänden hervorrufen. Beachten Sie bitte auch, daß die Wand atmen muß. Luftundurchlässige Tapeten, Leim- und Dispersionsfarben sind Gift für das Gemäuer! Nur Anstriche auf Kalk- oder Mineralbasis verwenden!
Schimmel von Wänden und Kachelritzen mit Essigwasser und Bürste entfernen. Malanstrich gegen Schimmel und Insekten: pro Eimer Farbe *10 Tropfen Geraniumöl* und *20 Tropfen Lavendelöl* zusetzen.

Silberfische: Auf gefährdete Stellen die Mischung aus Borsäure u. Zucker streuen

Spinnen: Spinnen sind äußerst nützliche Tiere. Wenn sich im Herbst - wenn es draußen schon kalt wird - eine in die Wohnung verirrt, forme ich aus einer großen Zeitung ein "Stanitzel", fange die Spinne damit ein und schüttle das Stanitzel, sodaß die Spinne nicht herauskriechen kann. Anschließend läßt sich das Tier leicht in die Freiheit entlassen.

Wespen: Wespenfalle in Form einer Limonadenflasche mit einem 2 cm hohen Rest an Limonade stehen lassen. Der Inhalt wirkt wie ein Magnet auf Wespen.

NATÜRLICHE REINIGUNGSMITTEL

Mit einfachen Mitteln, die in jedem Haushalt vorhanden sind, lassen sich hartnäckige Flecken einfach, schonend und - vor allem - ohne Gift entfernen. Unsere Großmütter haben früher diese Mittel noch ganz selbstverständlich angewandt, und wer sie ausprobiert, wird bald feststellen, daß sie den modernen "Wundermitteln" um nichts nachstehen. Meist übertreffen sie diese sogar in ihrer Wirkung - und das ohne die Natur zu belasten.
Wassertage im abnehmenden Mond eignen sich besonders gut zur Reinigung. Bleiche funktioniert an Blütentagen (Lichttagen) am besten.

Duschkabinen aus Glas werden wieder glänzend, wenn man sie mit einem in Essig getauchten Schwamm abreibt.

Fußböden (versiegelt) mit kaltem Schwarztee feucht wischen.

glänzende Möbel mit einer Mischung aus feinem Salatöl und Salz einreiben und blankpolieren.

Glasflächen mit Salzwasser reinigen.

Glaswaren Flecken mit einem Stück roher Kartoffel beseitigen; Zitronensaft u. Eierschalen für Flaschen und fleckige Karaffen.

Goldschmuck mit Zwiebelsaft einreiben, 3 Stunden einwirken lassen, nachpolieren.

Kalkflecken (in Badewannen etc.) 1 Std. mit einem in Buttermilch getränkten Tuch aufweichen, ablösen.

Lackleder mit wenig Vaseline einreiben, polieren.

Marmor Flecken mit Zitronensaft entfernen.

Messing und Kupfer mit einer Paste aus Zitronensaft und Holzasche oder mit Salz u. Zitrone reinigen.

Porzellan speziell Kaffeekannen mit braunen Flecken mit einem Gemisch aus Salz und Essig reinigen.

Rostflecken eine Paste aus Borax und Essig auftragen.

Silberbesteck mit Zigarrenasche und einem Flanelltuch reinigen, mit Glyzerin dünn einreiben und in Seidenpapier - jedes Stück einzeln verpacken. So bleibt es anlaufgeschützt.

Toiletten Ablagerungen entfernt man, indem man die Stellen befeuchtet und eine Paste aus Zitronensaft und Borax aufträgt, ca. 2 Stunden einwirken läßt und sorgfältig bürstet.

Wachsflecken (auf diversen Materialien) - Löschblatt auflegen und bügeln.

Wasserflecken (auf Parkett, Holzmöbeln etc.) mit Benzin vorsichtig ausreiben.

Zinn mit Zinnkraut abreiben bzw. einer Paste aus Kieselgur und Rapsöl oder mit Kohlblättern.

Einfache Mittel zur Fleckentfernung auf Textilien

allgemein	Gallseife, Terpentinseife.
alte Flecken	auf empfindlichen Stoffen erst mit Eigelb aufweichen, 30 Min. einwirken lassen; dann mit kaltem Wasser ausspülen.
Blut	Wäschestück mit kaltem Wasser spülen, in kaltem Salzwasser einweichen; waschen.
Brandflecken	mit Zwiebelsaft einreiben.
Eiweiß	mit kalter Molke bestreichen; einwirken lassen, kalt auswaschen.
Farbe	mit Buttermilch einweichen; erst mit lauwarmem, dann mit heißem Wasser auswaschen.
Fett	mit Benzin, Alkohol oder in warmem Weißwein einweichen oder mit Kölnisch Wasser behandeln bzw. zum Aufsaugen sofort mit Hafer, Roggen- oder Maismehl oder Talkumpuder bestreuen, auf Leder Hirschhornsalz zum Entfernen verwenden.
Fruchtsaft	sofort lauwarm auswaschen; mit Salz einreiben, bürsten, auswaschen, Sonnenbleiche!
Gras	in sehr heißem Wasser waschen, mit Essigwasser spülen.
Harz	abkratzen, mit Alkohol oder Terpentinöl abreiben, mit Löschblatt bügeln; waschen.
Heidelbeere	Fleck zwei Stunden in saurer Milch einweichen, lauwarm waschen.
Jod	rohe Kartoffeln mit der Schnittfläche darauf reiben.
Ketchup	siehe Obstflecke!
Lippenstift	auf Leder - die Stelle mit Weingeist betupfen.
Obst	mit warmem Wasser auswaschen, mit Buttermilch bestreichen, waschen.
Öl	Natron bindet ölige Flecken. Gerüche werden neutralisiert.

Rost	in Wäsche verschwindet, wenn man den Fleck im Saft von gekochtem Rhabarber einweicht.
Rotwein	weiße Bohnen in Wasser ohne Salz kochen und auf den hartnäckigen Fleck auftragen. Besonders für empfindliche Stoffe geeignet!
Ruß	läßt sich ohne zu verwischen mit weichem Brot entfernen.
Senf	eine rohe, halbierte Zwiebel auflegen; ca. 15 Minuten einwirken lassen.
Teer	mit Butter aufweichen und dann normal waschen.
Tinte	in Rhabarbersaft oder Erdbeersaft von gekochten Früchten einweichen, auch roher Tomatensaft tut gute Dienste; Zitronensaft mit anschließender Sonnenbleiche eignet sich ebenfalls gut.
Wachsflecken	Löschpapier über und unter den Fleck legen und mit Wolltemperatur darüberbügeln, evtl. Vorgang wiederholen und Reste mit Kölnisch Wasser ausreiben.

Wenn du nach der Natur lebst,
wirst du niemals arm.
Wenn du nach den Meinungen lebst,
wirst du niemals reich.

Epikur

DÜFTE FÜR GUTE STIMMUNG IM HAUS

Öle zur Verwendung in der Duftlampe

Düfte und Aromen tragen viel zum Wohlbefinden des Menschen in seinem Wohnraum bei. Sie vermitteln Stimmungen, schärfen die Sinne oder reinigen die Atmosphäre von negativen Einflüssen.
Selbst Erinnerungen werden durch sie wachgerufen. Wer assoziiert mit Orangen-, Tannenduft und den leckeren Gerüchen von Gebäck nicht die Erwartung und die besondere Stimmung der Vorweihnachtstage unserer Kindheit?
Mit gewissen Aromen gelingt es uns, bewußt angenehme Stimmungen zu erzeugen und damit das innere Gleichgewicht wiederherzustellen.

Cassia:
gibt innere Wärme und Geborgenheit, löst seelische Erstarrung.

Gewürznelken- und Salbeiöl:
(Duftlampe) reinigt über Nacht die Atmosphäre in Wohnräumen von negativen Energierückständen der Vorbewohner oder evtl. unliebsamer Besucher.

Grapefruit:
erfrischend fürs Badezimmer.

Kamille:
besonders gut fürs Kinderzimmer geeignet - wehrt Ängste ab; gegen Schmerz und Hysterie; zum Verarbeiten von Erfahrungen und Eindrücken.

Latschenkiefer:
schenkt Ausdauer und Mut. Dieses Öl ist hervorragend dazu geeignet, Raucherluft zu reinigen!

Lavendel:
wirkt psychisch aufbauend. Dieser Duft vermittelt Sauberkeit schlechthin. Der gute Geist in unserem Haus! Nicht in der Schwangerschaft verwenden!

Majoran:
löst Ängste, Streß und negative Kräfteansammlungen. In Verbindung mit Lavendel und Bergamotte läßt es uns Ruhe finden und abschalten. Er wirkt auch bei Einschlafstörungen. Nicht in der Schwangerschaft verwenden!

Mandarine:
sollte in einer Kinderzimmer-Mischung nicht fehlen. Hilft bei schulischer Überforderung, verleiht Freude.

Melisse: bei Schlafstörungen, Angstzuständen - besonders für Schlafräume geeignet.

Minze: Schon die Germanen schätzten die Minze als Reinigungsmittel und Schutzmittel vor dunklen Mächten. Wirkt positiv belebend auf das Umfeld.

Orange: Es heißt, daß sie wieder das Lachen lehrt und eine heitere Atmosphäre schafft.

Thymian: reinigt die Atmosphäre; schenkt Mut und Tatendrang; ist desinfizierend und schützt vor Verderb; besonders für Küche und Vorratsräume sowie Eßzimmer geeignet (auch in Verbindung mit Rosmarin und Salbei). Nicht während der Schwangerschaft verwenden!

Wacholderholz:
desinfizierend, bannt Krankheitserreger. In der Antike diente der Rauch von Wacholderholz dazu, böse Wünsche und Verwünschungen zu brechen. In Verbindung mit Weihrauch, Myrrhe, Salbei, Rosmarin und Thymian war der Wacholderrauch in der Lage, gute und helle Energien an einen Ort oder ein Haus zu binden. (Nicht in der Schwangerschaft verwenden! Wirkt stark ableitend!)

Rosmarin:
macht munter und frisch. Zusammen mit Salbei und Lavendel ein Duft für den Küchenbereich. Zusammen mit Nelkenöl, Lemongras und Minze für Vorräume, Speisekammern und Küchen sowie für Schrankduftkissen. Nicht während der Schwangerschaft! Nicht für Epileptiker geeignet!

Salbei: Dieser Duft besitzt Schutzkraft vor negativen Einflüssen. Als Räuchermittel wurde er früher in Verbindung mit Weihrauch (Ruhe und Frieden) und Myrrhe (Kraft, innere Ruhe, Optimismus) verwendet. Wenn sogenannte "dicke Luft" herrscht, sollte Salbeiöl auf Holzkohle geträufelt werden. Der reinigende Rauch wird die ungute Atmosphäre bereinigen. Anwendung auch bei Ängsten, Alpträumen (in der Duftlampe), in bedrückender Atmosphäre besonders alter Häuser; an Orten der Angst sowie an Orten, die mit schmerzvollen Erinnerungen behaftet sind. Früher wendete man den reinigenden Rauch bei Tag und Nachtgleiche und 3 Tage danach sowie an Sommer- und Wintersonnenwende bzw. 3 Tage danach; in den Rauhnächten und an den schlimmen Schwendtagen (3.4., 1.8., 1.12.) an. An diesen Tagen waren von alters her ungünstige Einflüsse besonders wirksam, und man versuchte, diese mit dem reinigenden Rauch abzuwenden.

Vanille:
gegen allerlei Streß im Haus, wirkt stimmungserhellend.

Zitrone:
erhellt und erfrischt die Atmosphäre; fördert die Konzentration, besonders für Arbeitsräume geeignet.

TIPS

Abbeizen von alten Möbeln etc. stets bei abnehmendem Mond. Vor allem Lungenzeichen (Krebs, Zwilling) meiden!

Chemische Reinigung: Hornzeichen, besonders Steinbock sind eher ungeeignet (Glanzflecken!)

Drückende Schuhe betupft man an den entsprechenden Stellen mit einer Mischung aus Aceton und einigen Tropfen Rizinusöl. Der Schuh muß dabei angezogen sein. Die drückende Stelle von innen her reiben (Zehen bewegen)!

Feuchtigkeitsflecken auf der Wäsche mit verdünntem Salmiakgeist reinigen (ab). Zur Vorbeugung sollte man bügelfrische Wäsche niemals sofort in den Wäscheschrank geben.

Fleckige Hände (Obst- oder Pflanzensaft) werden mit einer halben Zitrone oder mit etwas Zitronensäure wieder rein.

Fleckenwasser für empfindliche Stoffe: Äther, Terpentin und Spiritus zu gleichen Teilen mischen und in ein gut verschließbares Fläschchen füllen.

Glas springt nicht beim Eingießen heißer Flüssigkeit, wenn man zuvor einen Silberlöffel ins Glas legt.

Kalk in der Waschmaschine? Stets einen Schuß Essig ins letzte Spülwasser; er löst den Kalk und verleiht der Wäsche ein frisches Aussehen (bei abnehmendem Mond besonders wirksam).

Korken (von Flaschen mit selbstgemachten Likören etc.) werden dicht, wenn man sie vor dem Verschließen in eine geschmolzene Mischung aus Bienenwachs und Siegellack taucht.

Letzter Waschgang: Geben Sie dem letzten Waschgang stets 4 Tropfen Lemongrasöl bei (Reinhaltung des Umfeldes).

Seide niemals wringen oder schleudern - naß aufhängen und noch feucht rasch mit Baumwolltemperatur bügeln.

Teppichreinigung mit Bürste, Kernseife und Wasser (abnehmend, an einem Lufttag).

Üble Gerüche im Schuhkasten? Reiben sie die Schuhe mit Petit-Grain-Öl aus. Übrigens: Man sollte täglich die Schuhe wechseln. Auch Schuhe müssen atmen. Gönnen sie ihnen mindestens 2 Tage "Verschnaufpause", ehe Sie sie wieder anziehen (wenn sie ihre Schuhe den ganzen Tag über tragen müssen).

Vollmond macht die Schneiden stumpf; deshalb Messer u. Werkzeuge niemals dem Vollmondlicht aussetzen.

Waschen ist bei abnehmendem Mond und Wasserzeichen besonders günstig. Man kann die Hälfte Waschmittel einsparen, und es bleiben keine Waschmittelrückstände in der Wäsche zurück.

Wolle und Feines: Ein Absud aus Efeublättern reinigt gründlich und mild (ca. 1 Handvoll pro Liter). Wollsachen zwischen zwei dicken Badetüchern trocknen, dann behält das gute Stück seine Form.

Schuheinlagen aus **Zeitungspapier** wenn es kalt ist, man der Kleidung entsprechend kein allzufestes Schuhwerk tragen kann und Isoliereinlagen den Tragekomfort beeinträchtigen würden.

KÜCHE

Alles, was wir an Nahrung zu uns nehmen, ist Information. "Du bist, was du ißt." Je gesünder und natürlicher unsere Nahrung, desto mehr an Vitalenergie wird damit dem Körper als positive Information zugeführt. Sonne, Mond- und Planetenkräfte, Regen, Erde, Wärme, Aktivität und Ruhephasen des Wachstums - alles ist Information. Sie wird in der Nahrung gespeichert und als kosmische Energie dem Menschen zugeführt. Die Summe all dieser Informationen bestimmt den Menschen mit. Eine sonnengereifte Tomate - mit Liebe gepflegt und aufgezogen - wird zweifellos mehr an positiver Information abgeben können als die Frucht einer Pflanze, die noch nie in ihrem Leben die Sonne sah. Künstlich beleuchtet, die Wurzel in einer Art Schwamm fußend, fristet sie ihr Leben am Tropf. Genährt durch eine Flüssigkeit, die genau dosiert und computergesteuert halbstündlich der Pflanze über den Tropf zugeführt wird. Welche lebenswichtige Information wird wohl dieses künstliche Produkt dem menschlichen Organismus vermitteln?
Frische, naturbelassene Nahrung führt dem Körper lebenswichtige Energie zu. Synthetische, raffinierte Nährmittel (u. a. Designer Food) belasten den Körper, überdüngen ihn und führen auf die Dauer zu Fehlernährung und Mangelerscheinungen. Insektizide, Pestizide, Fungizide und andere Schadstoffe, durch die Nahrung in unseren Körper gelangt, verursachen oft schwerwiegende Krankheiten. Es ist daher notwendig, schon bei der Auswahl der Nahrung auf Qualität zu achten. Die Nahrung ist ein bedeutender Faktor, wenn es um unsere Gesundheit geht. Wenn wir uns nun bewußt ernähren, vitalstoffreich, aus frischen, naturbelassenen Früchten der Natur, wird das Energiegleichgewicht in unserem Körper wiederhergestellt. Körperliches Wohlbefinden und geistige Ausgeglichenheit werden sich einstellen.
Wenn wir nun den GROSSEN MOND- UND HAUSKALENDER näher betrachten, so sehen wir unter Tagesqualität einige für den jeweiligen Tag spezifische Gegebenheiten angeführt (Wasser-, Blatt-, Wasser-, Kohlehydrattag). Die zweite und vierte Stelle ist für unsere Ernährung von Bedeutung: An diesem Tag ist z. B. Blattgemüse (Blatt), wenn es frisch geerntet wurde, besonders bekömmlich und zur Nahrungsaufnahme zu empfehlen. Kohlehydrattag bedeutet, daß an diesem Tag der Körper Kohlehydrate optimal verwertet (ausgenommen bei Funktionsstörungen = Allergien). Nachfolgende Tabelle zur Übersicht.

Tag	**an diesem Tag besonders bekömmliche Nahrung**		**optimale Aufnahme**
Feuerzeichen	Frucht	Fruchtgemüse (Gurken, Tomaten...) Obst, Beeren, Getreide, Mais	Eiweiß
Erdzeichen	Wurzel	Wurzelgemüse, Zwiebeln, Kartoffeln (was unter der Erde Frucht trägt)	Salze
Luftzeichen	Blüte	Blumen, Blütengemüse (Brokkoli, Karfiol)	Fette
Wasserzeichen	Blatt, Stengel	Blattgemüse, Salate, Stengel	Kohlehydrate

GEMÜSE-, FRUCHT- UND KRÄUTERVERWERTUNG

Es ist zu beachten, daß **Früchte** und **Fruchtgemüse** an Fruchttagen mit aufsteigender Kraft geerntet werden sollen, möglichst vor Mittag, wenn die Sonne die Früchte erwärmt. **Kräuter und Blattgemüse** (Ausnahme Salat: Wassertag, morgens) an Blütentagen mit aufsteigender Kraft morgens ernten, an Wassertagen zeigen sie weniger Aroma. **Wurzelgemüse** an Wurzeltagen mit absteigender Kraft ernten - saftiger; zur Trocknung aufsteigend.
Was zur Trocknung bestimmt ist, stets zusätzlich bei abnehmendem Mond ernten und zumindest teilweise (letzte Phase) bei abnemendem Mond trocknen und abfüllen.

Einfrieren von Gartengemüse:
Durch das Blanchieren bleiben Geschmack, Geruch und Nährstoffe weitgehend erhalten und so wird die wertvolle Ernte aus dem eigenen Garten in die "karge" Winterszeit hinübergerettet. Vorbereitetes Gemüse portionsweise (max. 1 kg) kurz in viel kochendes Salzwasser geben, sofort in sehr kaltem, Wasser (mit Eiswürfeln) abschrecken; gut abtropfen lassen, vakuumverpacken und einschocken.

Blanchierzeiten (ab dem Eintauchen gerechnet):

Brokkoli, Erbsen	1	Minute
Grünkohl, Karfiol, Paprika, Spinat, Kraut, Wirsing	2	Minuten
grüne Bohnen geschnitten, Karotten, Kohlsprossen	3	Minuten
Porree, Lauch	4-5	Minuten

Küchenkräuter können ohne Blanchierung, ungehackt und portionsweise eingefroren werden. Man bröselt die gefrorenen Kräuter direkt in den Kochtopf, so gehen Saft und Aroma nicht verloren.

Apfelgelee: Äpfel gut waschen, vierteln und mit etwas Wasser in einem großen Topf zu Brei zerkochen. Diesen Brei über Nacht durch ein Tuch filtern und gut ablaufen lassen. Den gewonnenen Saft mit gleichem Gewicht Zucker zu einem Gelee kochen und in gereinigte, mit Alkohol ausgespülte Gläser abfüllen.
Aus dem Rückstand Apfelmus bereiten: Den Apfelrückstand durch ein Sieb passieren und mit Zucker zu Mus verkochen, mit Zimt und etwas Zitronenschale würzen. In Gläschen füllen. Nicht allzu lange haltbar!

Ebereschenmarmelade (Vogelbeeren): Die entstielten Beeren in kochendes Wasser schütten und zum Entbittern eine Minute brodelnd kochen lassen. Wasser abgießen und mit Weißwein aufkochen, bis die Beeren platzen. Durchseihen und den Saft mit dem gleichen Gewicht Zukker und den Saft von 1-2 Zitronen zusammen kochen, sodaß ein Sirup entsteht. Abfüllen und verschließen.

Essigfrüchte süß nach italienischer Art: Kleine, grüne Tomaten, süße Pfefferschoten, Ebereschenbeeren, Blumenkohlröschen, Schotenerbsen, kleine Gurken, Bohnenschoten,

Ringlotten, blaue Pflaumen, Sauerkirschen, Kugeln von Melonen, gereinigte Hagebutten, kleine Birnen (was man an Früchten und Gemüsen eben hat). Auf 3 kg Früchte verwendet man 4 l weißen Landwein und 1 l Essig, 2 kg Zucker; 1/2 kg reinen, hellen Naturhonig, 12 g Senfkörner, 12 g Ingwer.
Früchte in schwach gesalzenem Wasser aufkochen und abtropfen lassen.
Man kocht Wein und Essig mit dem Zucker klar, legt die Früchte hinein, gibt, wenn sie anfangen zu sieden, Honig und Gewürze hinzu. Alles 15 Minuten kochen lassen. Früchte herausheben und bunt gemischt in Gläser füllen. Flüssigkeit einreduzieren lassen, abschäumen, heiß in die Gläser gießen und verschließen.

Essigzwetschken: *2 -3 kg Zwetschken, 1 kg Zucker, 1 l Weinessig, Zimtrinde, Nelken,*
Essig, Zucker und Gewürze aufkochen, den Sud über die Zwetschken gießen, 10 Tage stehen lassen. Anschließend Essig und Zwetschken kochen, bis die Zwetschken aufspringen. Zwetschken in Gläser füllen, den erkalteten Saft darübergießen und gut verschließen.

Heidelbeertrank: *1 l sauber verlesene Heidelbeeren, 3/4 l Wasser, 1 Stückchen Zimtrinde, 2 Gewürznelken, 600 g Zucker, 1/2 l Weingeist.*
Heidelbeeren, Wasser und Gewürze werden zugedeckt langsam ca. 15 Min. gekocht und anschließend über den Zucker in eine Schüssel gegossen. Über Nacht kaltstellen und anschließend den Saft durch ein feuchtes Tuch filtern. Nochmals bis zum Kochen erhitzen, von der Kochstelle nehmen und den Weingeist hinzugießen; abfiltern und in Flaschen füllen. Gut verkorken.

Himbeergelee: *600 g Himbeeren, 375 g Gelierzucker.*
Himbeeren mit heißem Wasser überbrühen (sodaß sich etwaige Tierchen lösen) oder besonders sorgfältig verlesen; zerkochen und durch ein Tuch abseihen. Den Zucker zugeben und aufkochen, bis der Saft geliert ist (Gelierprobe). Noch heiß in gereinigte, mit Alkohol ausgespülte Gläser füllen und sofort verschließen.

Holundermus: *1 kg schwarze, reife Holunderbeeren mit ca. 380 g Zucker* aufkochen, durch ein Sieb streichen und nochmals zu einer dicken Konsistenz kochen. Anschließend in gereinigte, mit Alkohol ausgespülte Gläser oder Steinguttöpfchen füllen und gut verschließen.

Holundersaft: *gewaschene Holunderbeeren* mit Wasser bedecken und kochen, bis die Haut platzt. Den Saft durch ein Tuch abseihen, Rückstand gut ausdrücken und mit *400 g Zucker pro Liter Saft* zu einem Sirup kochen. Wer mag, kann noch etwas Zimt und Nelkenpulver zur Geschmacksverbesserung beifügen. Zusammen mit heißem Wasser ein bewährtes Getränk bei nahenden Erkältungen.

Johannisbeergelee: *500 g Johannisbeeren schwarz oder rot, die gleiche Menge Gelierzucker.*
Die Früchte mit einem Passierschwamm zerquetschen und durch ein Sieb in einen großen Topf passieren. Den Gelierzucker zugeben und nach Beschreibung kochen. Noch heiß in gereinigte, mit Alkohol ausgespülte Gläser füllen und sofort verschließen.

Kandierte Früchte: *ganze Früchte wie Kirschen, Aprikosen, Clementinen, Ringlotten, Nektarinen; Zitronen-, Grapefruit-, Pampelmusen-, Orangenschalen; Ananasstücke etc.; 200 g Zucker, 225 g Zucker, 3 x 50 g Zucker; 75 g Zucker*
Ganze Früchte mit Wasser bedeckt köcheln lassen, bis sie gar sind. Schale von unbehandelten Zitrusfrüchten aus biolog. Anbau in Viertel schneiden und die weiße Schicht vollständig entfernen. Schalen in etwas Wasser aufkochen lassen, Wasser weggießen; noch einmal frisches Wasser dazu gießen, sodaß die Schalen bedeckt sind, und dann die Schalen garen.
Vom Kochwasser 300 ml abzweigen, 200 g Zucker darin auflösen, die abgetropften Früchte hineingeben und 1 Min. kochen. - Früchte 3 Tage in diesem Sirup ziehen lassen.
Den Sirup durch ein Sieb in einen Topf gießen, 225 g Zucker hinzufügen und alles zum Kochen bringen, sodaß sich der Zucker auflöst. Die Früchte damit übergießen und 24 Stunden stehen lassen.
Folgenden Vorgang nun 3 x anwenden: jeweils Früchte aus dem Sirup nehmen, 50 g Zucker dem Sirup zufügen und zum Kochen bringen, damit der Zucker sich auflöst; Früchte damit übergießen und 24 Stunden stehen lassen.
Am 4. Tag die Früchte abermals aus dem Sirup nehmen, 75 g Zucker dem Sirup zufügen und zum Kochen bringen, die Früchte übergießen und weitere 4 Tage stehen lassen. Nun die Früchte aus dem Sirup nehmen, auf ein Gitter legen und für mehrere Stunden an einen warmen Platz stellen, damit sie trocknen. Zur Aufbewahrung in Wachspapier wickeln.
Es ist zwar einiger Aufwand kandierte Früchte selbst herzustellen. Die Arbeit lohnt jedoch, schon des Geschmacks wegen, und zudem ist es eine originelle Art der Verwertung, sollte man einmal zuviel eingekauft haben. Letztendlich werden kandierte Früchte - hübsch in Cellophan verpackt - auch gerne als nettes Mitbringsel verschenkt.

Kräuter - Salzkonservierung: *Petersiliengrün, Selleriegrün, Dillkraut, Bohnenkraut, Schnittlauch uvm.* folgendermaßen konservieren: Jede Art für sich getrennt fein hacken und mit dem vierten Teil der Kräutereinwaage Salz vermengen; in kleine, saubere Gläschen mit Schraubverschluß füllen, lichtgeschützt aufbewahren.

Milchsäuregärung: *Bohnen, Rote Rüben, Gurken* milchsauer eingelegt, aber auch eine Art Russenkraut läßt sich von den letzten Gartengemüsen (grüne Tomaten, Kraut etc.) herstellen: Man gibt das kleingeschnittene Gemüse in Gläser mit Schraubverschluß, würzt evtl. mit Kräutern, drückt fest zusammen, impft mit einem Teelöffel Sauerkrautsaft oder frischer Molke und füllt mit Wasser auf, sodaß keine Luft zwischen dem Gemüse ist. Mit einem Holzbrettchen beschweren (Mindestens 2 cm bis zum Glasrand belassen - Gärung!) 2 Tage warm stellen bis zum Einsetzen der Gärung! Unbedingt eine Untertasse darunterstellen. Das Glas kann überlaufen! Anschließend in den Keller stellen. Nach 5-6 Wochen ist die Gärung abgeschlossen, und das Glas kann fest verschlossen werden.
Eine gute Freundin macht sogar Heilkräuter und Wurzeln auf diese Weise haltbar.

Mixed Pickles: *Allerlei Gemüse (grüne Bohnen, Karotten, Karfiolröschen, kleine Gurken, Perlzwiebeln, Champignons, kleine Pfefferschoten, Paprikastückchen, Tomaten und was man sonst an kleinen Gemüsen hat), Weinessig, Zimt, Pfefferkörner, Ingwer und Nelken.*

Gemüse waschen, in hübsche Formen schneiden und in reichlich Salzwasser kochen. Man ordnet die Pickles in Gläser und kocht den Weinessig mit den Gewürzen auf, seiht ab und gießt ihn heiß auf das Gemüse. Mit Schraubeckeln verschließen.

Obstpasteten: sind sehr stark eingekochte Marmeladen, die dann noch getrocknet werden. Sie sind sehr haltbar, schnittfähig und eignen sich als Konfekt.

Ölkonservierung von Gemüse: *Essiglösung: 1/3 Wasser, 2/3 Essig; Pfefferkörner, Senfkörner, Oregano, Basilikum (geschnitten); Knoblauch, (gepreßt)*
Diverses geschnittenes Gemüse, z. B. Zucchini (große - Kerne entfernen) in handliche 1-cm-Stücke schneiden; auf einem Gitterrost mit Salz bestreuen; 20 Min. abtropfen lassen. Zucchini in Essiglösung aufkochen, abtropfen lassen und in gereinigte, mit Alkohol ausgespülte Einmachgläser schichten: jew. 1 Lage Gemüse, 1 Lage Kräuter; mit Olivenöl auffüllen, sodaß das Gemüse gut bedeckt ist. Obenauf einen Schuß Kornbranntwein. Glas verschließen, öfters kontrollieren.

Perlzwiebeln: *Eine beliebige Menge kleiner Zwiebelchen, Weinessig, Zimt, Pfefferkörner, Ingwer, Lorbeerblatt.* Zwiebeln vorsichtig schälen und in reichlich Salzwasser abkochen. Man füllt die Zwiebeln in Gläser und gießt mit dem heißen Sud aus Weinessig und Gewürzen auf. Sofort gut verschließen.

Powidl: *5 kg reife Zwetschken, feingehackte Schale einer Zitrone, Zimt, Nelken.*
5 kg reife, tadellose Zwetschken werden entkernt und im Fleischwolf zerkleinert. In einem Emaillegeschirr läßt man den Brei gut kochen, gibt die Gewürze dazu und läßt bis zur Streichfähigkeit weiterkochen. Die Masse noch heiß in irdene Töpfe oder Gläser füllen. Nach Bedarf vor der Verwendung etwas Zucker oder Rum dazugeben.

Preiselbeerkonfitüre: *500 g Preiselbeeren, 500 g Zucker, 3 Äpfel, 2 cl Orangenlikör.*
Die vorbereiteten Preiselbeeren mit dem Zucker erhitzen und im offenen Topf leicht kochen lassen. Die geschälten, erntkernten Äpfel in dünne Scheiben schneiden, zu den Preiselbeeren geben und 5 Min. mitkochen lassen. Zum Schluß den Orangenlikör unterrühren, heiß in Gläser füllen und verschließen.

Quittenkäse: Schöne *reife Quitten* werden abgewischt, geviertelt und mit kaltem Wasser, dem man etwas Zitronensaft beigegeben hat, gekocht. Die zerkochten Quitten werden passiert und gewogen. Auf *1 kg Fruchtmark rechnet man 800 g Zucker* für gesponnenen Zucker. Stark einreduzieren! Fruchtmark beifügen und so lange einkochen, bis ein festes Mus entsteht.
Das noch heiße Fruchtmus wird in vorbereitete, in kaltem Wasser ausgeschwemmte Formen gefüllt und getrocknet. Nach 8 Tagen wird der Quittenkäse gestürzt, in Pergamentpapier gewickelt und aufbewahrt.

Rosenkonfitüre: *30 dag gereinigte duftende Rosenblütenblätter, 90 dag Zucker, Zitronensäure und soviel Wasser, daß es die Rosenblätter knapp bedeckt.*

Die Rosenblätter 15 Min. in Wasser kochen und das Rosenwasser in einen emaillierten Topf abseihen. Der Zucker wird beigemengt und darin aufgelöst. Die Rosenblätter zugeben und nochmals 20 Min. kochen lassen. Zitronensäure nach Geschmack beifügen und eine Minute lang kochen lassen. In gut erwärmte Gläser abfüllen und sofort verschließen.

Russische Gurken: *2 kg fingerlange gesunde Gürkchen, 10 dag Salz, 1/2 l Weinessig, 6 Stk. Würfelzucker, 1 Lorbeerblatt, 10 Stk. Pfefferkörner, 5 Stk. Pimentkörner, 1 Stengel Dillkraut, 1 Stengel Kerbel, 1 Knoblauchzehe.*
Die Gurken werden am Abend mit einer weichen Bürste kalt gewaschen, gut abgetropft und in einem irdenen Geschirr mit 10 dag Salz bestreut. Am nächsten Morgen gießt man den Weinessig und 1/4 l kaltes Wasser darüber. Die Flüssigkeit muß die Gurken knapp bedecken. Nach ca. 1/2 Stunde werden die Gurken mit einer Holzzange aus der Flüssigkeit gehoben und in reine Gläser geschichtet. Der Flüssigkeit gibt man den Zucker und die Gewürze zu und läßt gut aufkochen; nun die Gurken damit heiß begießen. (Flüssigkeit muß halbfingerhoch über den Gurken stehen) man läßt die Gläser geschlossen 1 Woche kühl und dunkel stehen. Danach den Essig abgießen, aufkochen lassen, abschäumen und durch ein Tuch seihen. Nach dem Erkalten die Lösung über die Gurken gießen und luftdicht verschließen. Kühl lagern.

Sanddornsirup: *1 kg vollreife Sanddornbeeren, 1,5 kg Zucker und 3 TL Zitronensaft*
Die gewaschenen Beeren zerdrücken und mit 3/4 l kochendem Wasser übergießen. Das Gefäß luftdicht verschließen und 24 Stunden kühl stellen. Dann alles durchseihen und den Saft mit Zucker und Zitronensaft verrühren, in nicht zu große Flaschen füllen und 20 Min bei 70°C pasteurisieren. Die Flaschen fest verschließen. Sanddornsirup mit Wasser aufgegossen, ergibt ein erfrischendes, Vitamin-C hältiges Getränk.

Sauerkraut: (an einem Blütentag bereiten, möglichst bei abnehmendem Mond) *20 kg* vom Strunk befreite, saubere, halbierte *Weißkrautköpfe, 30 dag Salz, 5 dag Zucker, 3 dag Kümmel, 8 Lorbeerblätter,* einige *Pfeffer- und Wacholderkörner,* evtl. einige *Weinblätter.*
Kraut hobeln; Salz, Zucker und Gewürze mischen. Das Gefäß ist bereits vorbereitet:
Für große Mengen ein Eichen- oder Buchenholzschaff verwenden. Mit kochendem Wasser auswaschen, trocknen lassen und nach dem Trocknen mit scharfem Weinessig Boden und Wände befeuchten. Bei kleineren Mengen bedient man sich eines irdernen Geschirres in entsprechender Größe.
Der Boden des Gefäßes wird mit sauberen, ganzen Krautblättern ausgelegt, und darauf kommt nun eine Schicht von dem gehobelten Kraut; etwas Salzmischung darüberstreuen; so lange mit der Faust stampfen, bis Saft entsteht und die Krautschicht gut durchfeuchtet ist. Darauf folgt die nächste Schicht Kraut - 3 Finger hoch, darüber etwas Salzmischung, wieder feststampfen u.s.w., bis alles Kraut untergebracht ist. Es soll jedoch mindestens eine Handbreit zwischen Topfrand und letzter Krautlage frei bleiben. Jetzt kommen noch einmal Blätter darauf, und zum Schluß folgt ein rundes Holzbrett, das in die Schaff- oder Topföffnung paßt (originalgetreu ist dieser Holzdeckel in der Mitte geteilt, damit er besser zu handhaben ist). Mit einem großen, schweren Stein wird beschwert.
Nach 6-8 Wochen Gärung werden die Deckblätter entfernt, Stein und Holzdeckel gewaschen.

Jetzt legt man ein Leinentuch auf das Kraut, darüber wieder Brett und Stein, und ab nun ist das Sauerkraut eßbar. Es empfiehlt sich, nach jeder Entnahme, Tuch, Brett und Stein zu waschen. Auf ähnliche Weise lassen sich kleingestiftelte Rüben haltbar machen.

Schlehenlikör:
1 kg reife Schlehenbeeren (nach dem Frost geerntet), 1 l Weingeist, 250 g Zucker, 1 Vanillestange.
Schlehen waschen, gut verlesen und jede Beere mit einem Schlehdorn 2 x anstechen. Beeren zusammen mit dem Weingeist in eine Flasche mit weitem Hals füllen und 6-8 Wochen an einem schattigen Platz stehen lassen. Anschließend wird durchgefiltert. Zucker mit 1 l Wasser ca.1/4 Stunde lang kochen und den Sirup mit dem Alkohol mischen. In gut verschließbare Flaschen abfüllen und vor der ersten Kostprobe noch einige Monate lagern.

Tomaten-Ketchup: *2 kg sehr reife Tomaten, 2 Zwiebeln, 2 Lorbeerblätter, 1 TL Salz, 1 Zweig Rosmarin; 150 g brauner Zucker, 2 Zimtstangen, 5 Nelken, je 1 TL schw. Pfeffer und Pimentkörner zerstoßen, etw. gemahlener Ingwer, 1/8 l Weinessig.* Tomaten halbieren und Kerne herausdrücken. Tomaten, geschnittene Zwiebeln, Rosmarin, Salz und Lorbeerblätter in einem Topf zum Kochen bringen und ca. 20 Min. leicht köcheln lassen. Anschließend passieren. Den so entstandenen Saft mit den restlichen Zutaten ca. 40 Min. ohne Deckel einreduzieren; Essig beifügen, 10 Min. weiterköcheln lassen, Zimtstangen entfernen und abfüllen.

Wurzelwerk und Kräuter in Salz für den Winter. (Vorgänger des beliebten Suppenwürfels): *2 kg sauber geputztes Wurzelwerk (Sellerie, Karotten, Pastinaken, Petersilwurzeln, Porree, Pilze, Tomaten; je einige Stengel grüner Lauch und Kräuter (Petersiliengrün, Selleriegrün, Liebstöckel)* gemischt und roh durch den Fleischwolf drehen (feine Scheibe). Den entstandenen Gemüsebrei mit 1/2 kg Salz gut vermengen und in kleine, saubere Gefäße mit Drehverschluß füllen. Trocken, kühl und dunkel aufbewahrt, reicht der Vorrat bis zur nächsten Ernte.

Trocknen: *Erbsen; Pilze,* trocken gereinigt und in zweimesserrückendicke Scheiben geschnitten; Früchte und Beeren (weniger saftige Sorten) lassen sich gut trocknen. Ein warmer, luftiger Raum eignet sich für den Vorgang, der bei abnehmendem Mond durchgeführt werden soll, besonders gut.
Trockengut auf einen dick mit Seidenpapier belegten Lattenrost legen, öfter rütteln. In luftige Leinensäckchen oder dunkle Gläser füllen - bei abnehmendem Mond. Saftige Beeren im Backofen langsam dörren.

Zirbengeist: *5 grüne Zirbenzapfen, 3 l Kornschnaps, 5 Gewürznelken, 6-8 EL Kandiszucker.*
Alles zusammen in ein großes Gurkenglas füllen, verschließen und 10 Wochen an einem warmen Platz, möglicht an der Sonne, stehen lassen. Abfiltern (Zapfen müssen abgesunken sein, und der Schnaps muß eine rötliche Farbe angenommen haben). Abfüllen.

REZEPTE

Apfel-Zwiebel-Kuchen
Mürbteig: 250 g Mehl, Salz, Muskat, 125 g Butter, 1 Ei, 2 EL Weißwein.
Belag: 1 EL Butter, 2 EL Sojagranulat, 1/2 Gemüse-Brühwürfel, 500 g Zwiebeln, 750 g säuerliche Äpfel, 250 g geriebener Emmentaler Käse (oder ähnlicher Hartkäse)
Guß: 200 ml süße Sahne, 4 Eier, etwas Piment gemahlen, Muskat, Selleriesalz, Pfeffer.
Aus Mehl, Salz, Muskat, Butterflöckchen und Weißwein einen geschmeidigen Teig kneten. Teig in Klarsichtfolie wickeln und 1/2 Stunde kaltstellen (Kühlschrank). Sojagranulat in warmem Wasser einweichen, sodaß das Wasser fingerhoch über dem Granulat steht, den Suppenwürfel unter das Granulat mengen, salzen, pfeffern und gleichmäßig verrühren.
Inzwischen Zwiebeln in Ringe schneiden, Äpfel schälen und Kerngehäuse ausstechen, in dünne Scheiben schneiden.
1 EL Butter erhitzen; Zwiebel, Äpfel und ausgedrücktes Sojagranulat darin dünsten, dann diese Masse abkühlen lassen.
Ein Blech mit Backpapier auslegen; den ausgewalkten Teig darauf legen; mit der Hälfte des Käses bestreuen; die Apfelmasse darauf verteilen; würzen und mit dem restlichen Käse bestreuen.
Den Guß aus den angegebenen Zutaten rühren und über den Kuchen leeren. Im vorgeheizten Backrohr bei 200 °C ca. 40 Min. backen. Ofenwarm servieren.

Basilikumöl: *je 1-2 Stengel Basilikum, Melisse, Kerbel, Petersilie, 15 Pfefferkörner, 1/2 l gutes Olivenöl. (1 Schuß Alkohol oben auf, dann wird das Öl nicht ranzig)* für Tomaten-Mozzarellasalat.

Champignon-Essenz: 2 *kg Wiesenchampignons, ersatzweise Zuchtchampignons (Lamellen können schon braun sein - Restverwertung), 100 g Meersalz, 1 l Rotweinessig, 4 Knoblauchzehen, je 1/2 TL Piment gemahlen, Ingwer gemahlen, Muskatblüte gemahlen, 1/4 TL frisch gemahlener schwarzer Pfeffer, 2 EL Portwein, 2 EL Weinbrand.* Pilze in Scheiben schneiden, in einer großen Schüssel - lagenweise salzen - über Nacht stehen lassen. Salz abwaschen, Pilze zusammen mit Knoblauch, Essig und Gewürzen 1 Stunde köcheln lassen; öfter umrühren. Brei durch ein Mulltuch abseihen, ausdrücken; Portwein und Weinbrand unterrühren - fertig! Die Pilzessenz in kleine Fläschchen abfüllen (zuvor mit Alkohol sterilisiert), Korken sterilisieren, verstöpseln und mit Siegellack dicht verschließen. Kühl lagern.

Dampfnudeln mit Vanillesauce: (6 Portionen)
Für den Germteig (Hefeteig): 500 g Mehl, 1 Päckchen Germ, 75 g Zucker, Salz, 100 g geschmeidige Butter, 1/4 l Milch, 2 Eier, 50 g Butter, 100 g Zucker, 1/8 l süße Sahne.
Mehl in die Schüssel sieben, salzen. Germ, Zucker, 2 EL Mehl aus der Schüssel, 3 EL lauwarme Milch von dem 1/4 l abnehmen; in einer Tasse zu einem "Dampfl" verrühren und an der Wärme aufgehen lassen. Anschließend das Dampfl zusammen mit der Butter, der restlichen Milch und den Eiern zu einem Teig schlagen. Wenn der Teig sich vom Kochlöffel löst, den Kochlöffel auf die Teigschüssel legen und mit einem warmen Tuch abdecken; an der Wärme

(Heizung, Ofen) gehen lassen. Wenn der Teig sich merklich gehoben hat, noch einmal einschlagen und nochmals gehen lassen.
Inzwischen Butter und Zucker unter Rühren in einem Topf erhitzen und goldbraun werden lassen. Mit Sahne ablöschen; etwas einreduzieren lassen und in eine flache, ofenfeste Auflaufform mit Deckel gießen. Flüssigkeit abkühlen lassen.
Aus dem Teig 12 Kugeln formen und in die Form setzen; mit dem Deckel zudecken und nochmals bei Zimmertemperatur 15 Min. gehen lassen. Die Dampfnudeln mit dem Deckel zugedeckt im Backofen bei 200 °C ca. 20 Min. garen. Besonders gut schmeckt dazu eine klassische Vanillesoße.
An einem Wassertag bei zunehmendem Mond wird dieses Rezept sicher gut gelingen. Außerdem verarbeitet der Körper an diesem Tag Kohlehydrate besonders gut. (Allergiker und Zukkerkranke sind von dieser Empfehlung jedoch ausgenommen.)

Estragonöl: *Sonnenblumenöl, 4 Estragonzweige, 8 weiße Pfefferkörner, 2 geviertelte Schalotten* in eine Flasche füllen und ziehen lassen; für zarte Blattsalate mit leichtem Aroma.

Estragon-Schalotten-Essig: *2 Frühlingszwiebeln, 2-3 Schalotten, je 1 Bund Estragon u. Basilikum, 1/2 l Rotweinessig, 2 Knoblauchzehen.* Zwiebeln, Schalotten, Knoblauch schälen, halbieren bzw. vierteln, Kräuter waschen, trockenschütteln, alles in eine weithalsige, bauchige Flasche mit Verschluß geben, Essig zugießen; mind. 2-3 Tage durchziehen lassen. Für Salate verwenden.

Estragonsenf: *250 g Zwiebeln, 4 Knoblauchzehen, 1/4 l Estragon-Essig, 1/2 Bund frischer Estragon, 1 EL geschrotete schwarze Pfefferkörner, 1 Prise gemahlener Ingwer, 1/2 TL Zimt, 1 EL Salz, 4 EL Senfpulver;* Zwiebeln und Knoblauch schälen, im Mixer pürieren, mit Essig kurz aufkochen, Estragon waschen, trockentupfen, hacken; die Hälfte des Estragon und Gewürze (ausgenommen Senfpulver) zur Zwiebelmasse geben. Alles bei schwacher Hitze ca. 30 Min. ziehen lassen, durch ein Sieb streichen. Essigmasse mit Senfpulver und restlichem Estragon verrühren, erkalten lassen. In irdene Töpfchen gefüllt und kühl gelagert ca. 3 Monate haltbar.

Früchtekuchen (Adventsbäckerei):
200 g Paranußkerne, 100 g getrocknete entkernte Datteln, 200 g getrocknete Feigen, 2 Eier, 100 g Zucker, 2 Pkg. Vanillezucker, 1/4 TL Salz, 1 Msp. Zimt, 75 g Mehl, 100 g Walnußkerne, 100 g kandierte Kirschen rot, 100 g kandierte Zitronenschale, 100 g kandierte Orangenschale
Paranußkerne vierteln, Datteln halbieren, Feigen grob schneiden. Eier, Zucker, Vanillezucker mit dem Handrührgerät schaumig schlagen, Salz, Zimt und Mehl unterrühren. Zum Schluß alle Nüsse und kandierten Früchte unter den Teig kneten. Eine Kastenkuchenform mit ca. 26 cm Länge befetten und mit geriebenen Nüssen auskleiden. Den Teig einfüllen, andrücken und auf unterer Schiene in den vorgeheizten Backofen schieben. Bei 180°C etwa 100 Min. backen und nach der Hälfte der Backzeit mit Alufolie abdecken. Anschließend den Früchtekuchen im ausgeschalteten Backofen noch 15 Min. nachgaren lassen.

Frühlingskräuter-Süppchen:
Aus 2-3 EL Butter und Mehl eine helle Einbrenn bereiten und mit Wasser ablöschen, *mit Kräutersalz, Kümmel,* etwas *Streuhefe,* etwas *Zitronensaft und Pfeffer* abschmecken und mit *einem rohen Eigelb und ca. 1/8 l Sahne* aufschlagen.
Frische Wild- oder Gartenkräuter (Petersilie, Schnittlauch, Kresse, Bärlauch, Kerbel, Löwenzahnblätter, Melisse, Basilikum etc.) fein hacken und in beliebiger Auswahl und Mischung in die Suppe rühren. Mit gerösteten Weißbrotwürfeln und etwas Kerbel bestreuen und servieren.

Gebackene Holunderblüten:
8 schöne große Holunderblüten, 200 g Mehl, 1/4 l Milch, 1 Prise Salz, 1 TL Zucker, 1 Päckchen Vanillezucker, 1 Ei; Butterschmalz zum Ausbacken; Staubzucker, Zimt.
Holunderblüten von etwaigen Verunreinigungen befreien. Aus Mehl, Milch, Salz, Zucker, Vanillezucker und Ei einen Backteig rühren; die Holunderblüten in den Backteig tauchen und im heißen Butterschmalz goldgelb backen. Auf Küchenkrepp abtropfen lassen und mit Zimt und Zucker bestreut servieren. Man reicht dazu eine Frucht- oder Vanillesoße.

Gemüseeintopf mit Dinkel und Weizen (3-4 Pers.)
Je 75 g Dinkel und Weizenkörner aus biolog. Anbau,1/2 l Wasser, 250 g Zwiebeln, je 500 g Karotten, Sellerie, Porree, Butter, 1/2 l Gemüse-Brühe, Hefeextrakt, Meersalz, Pfeffer, Champignons, 125 g Erbsen, Muskat, 1 Bund Petersilie, 1 Blatt vom Liebstöckel, fein gehackt.
Getreidekörner über Nacht in Wasser einweichen. Zwiebel schälen und hacken. Gemüse putzen, waschen und in feine Streifen schneiden. Butter in einem Topf erhitzen, Zwiebeln und Gemüsestreifen darin kurz andünsten. Körner samt Einweichwasser und die Gemüsebrühe mit den Gewürzen zugeben, ca. 25 Min. köcheln lassen. Champignons putzen und in Scheiben schneiden; zusammen mit den Erbsen dem Eintopf beigeben, ca. 3 Min. mitkochen lassen. Zum Schluß den Eintopf nach Geschmack abrunden, mit gehackten Kräutern bestreuen und mit Sauerrahm verfeinern.

Gorgonzola-Aufstrich (ca. 25 Brötchen)
20 dag Gorgonzola (oder anderer Blauschimmelkäse), 50 dag Topfen mit 20% Fettgehalt, 1 EL Butter (Zimmertemperatur), 1/8 l Sauerrahm, 3 Knoblauchzehen, Salz, Pfeffer.
Gorgonzola mit der Gabel zerdrücken, mit Butter, Topfen und Sauerrahm gut verrühren, mit Salz, Pfeffer und zerdrücktem Knoblauch würzen.

Hagebuttenlikör: *1,5 Liter Hagebutten, 1 Liter 96%iger Alkohol, 4 EL Blütenhonig, 4 Handvoll duftende Rosenblütenblätter, 6 Pfefferkörner, 3 Tr. echtes Rosenöl, destilliertes Wasser* zur Verdünnung: Im Spätherbst geerntete und getrocknete Hagebutten setze ich zur Rosenblüte mit Alkohol, Honig, Rosenblütenblättern, Pfefferkörnern und Rosenöl in einem großen Gurkenglas mit verschließbarem Deckel an und lasse sie ca. bis Weihnachten stehen (die erste Zeit an einem warmen, sonnigen Plätzchen). Dann wird abgeseiht, in Karaffen abgefüllt und ggf. mit etwas destilliertem Wasser verdünnt. Abfüllen stets bei abnehmendem Mond.

Hollerschnapsl: (Weiberleutlikör) *1 kg Holunderbeeren, 1 l 70%iger Alkohol, 5 Gewürznelken; gesponnener Zucker aus 250 g Zucker und 3/4 l Wasser.* Holunderbeeren verlesen, gut waschen, abtropfen lassen, zerdrücken und zusammen mit Alkohol und Zuckerlösung in ein weithalsiges Glas füllen. 6-8 Wochen an einem sonnigen Platz stehen lassen (bis er eine schöne Farbe hat), dann abfiltern und abfüllen.(bei abnehmendem Mond)

Hopfensprossen gebacken:
Frische Hopfensprossen, 2 Eier, Salz, Mehl und soviel Bier, daß ein nicht zu dünner Backteig entsteht. Butterschmalz zum Ausbacken.
Aus den Zutaten einen Teig von nicht zu dünner Konsistenz rühren und die Hopfensprossen darin eintauchen - fritieren, bis die Sprossen eine goldgelbe Farbe angenommen haben. Auf Küchenkrepp abtropfen lassen und noch warm mit Kräutersoße servieren.

Joghurt selbstgemacht
1 l Milch, 3 EL Naturjoghurt
Milch langsam erwärmen (nicht über 42 °C), Naturjoghurt einrühren; gut verrühren und in saubere Gläser füllen und verschließen. 24 Stunden in einem gleichmäßig warmen Raum belassen, damit sich die Joghurtkulturen aus dem Joghurt in der Milch vermehren können. Am nächsten Tag ist der Joghurt fertig und kann in den Kühlschrank gestellt werden um sich zu verfestigen. Gekühlt ist der Joghurt 3-4 Tage haltbar. (Verarbeitung an Licht- oder Wärmetagen).

Pfirsich-Melonen-Chutney
700 g Melonen, 600 g Pfirsiche, 1 Stück frischer Ingwer, Schale und Saft einer unbehandelten Zitrone, 2 Zimtstangen, 4 Stk. Sternanis, 400 g brauner Zucker, 200 ml Estragonessig
Melonen und Pfirsiche schälen, Kerne und Steine entfernen; Fruchtfleisch in Stücke schneiden. Alle Zutaten in einem Topf erhitzen und unter gelegentlichem Rühren 30 Min. leicht köcheln lassen, evtl. noch mit Pfeffer oder etwas Curry abschmecken. Chutney in saubere, mit Alkohol ausgespülte Schraubverschlußgläser füllen, verschließen. Als Beilag oder als kleine Zwischendurch-mahlzeit verwenden.

Rotweinessenz
1/2 l guter Rotwein, 1/4 l Rum oder Weinbrand, 2 Zimtstangen, 4 Stk. Sternanis, 1 Vanilleschote - der Länge nach aufgeschnitten, dünn abgeschälte Schale von 1 Orange und 1 Zitrone (beides aus biolog. Anbau), 150 g Kandiszucker. Alles zusammen in eine dekorative, bauchige Flasche füllen. Stehen lassen, hin und wieder schütteln. 1/3 Essenz mit 2/3 heißem Wasser oder Tee auffüllen - ergibt einen herrlichen Rotweinpunsch.

Salbeiessig: *Salbeizweige, 1 EL Korianderkörner, das dünn Abgeschälte von einer halben Zitrone (ungespritzt und gut gewaschen), 1/2 l Weißwein und 100 ml Essigessenz;* für Endiviensalat.

Salzburger Apfelnockerln (4 Portionen)
4 säuerliche Äpfel, 1 unbehandelte Zitrone, 150 ml Weißwein, 1 TL Zucker.
Nockerlmasse: 2 Eigelb, 1 geh. EL Mehl, Mark von 1/4 Vanilleschote, 1/2 Päckchen Vanillezucker, 1 EL Weißwein, 3 Eiweiß, ca. 2 EL Zucker.
Mandelblättchen, 4 TL Preiselbeermarmelade, Staubzucker.
Äpfel schälen, halbieren, Kerngehäuse ausstechen. Zitronenschale abraspeln, Saft auspressen. Apfelhälften mit Zitronensaft und -schale, Wein und Zucker in einem Topf erhitzen und zugedeckt ca. 8 Min. ziehen lassen; abkühlen.
Nockerlmasse: Eigelb mit Mehl, Vanillemark und Wein gut verrühren. Eiweiß steif schlagen, Zucker einrieseln lassen und gut unterschlagen. Eischnee unter die Eigelbmasse heben. Die abgekühlten, abgetropften Apfelhäften mit Nockerlmasse füllen bzw. belegen und mit Mandelblättchen bestreuen.
Die Äpfel in eine befettete, feuerfeste Auflaufform setzen und im auf 200 °C vorgeheizten Backofen ca. 6-8 Min. backen. Das Dessert mit Staubzucker bestreuen, mit Preiselbeermarmelade garnieren und heiß servieren.

Spargelsalat mit Lauch
80 dag gekochter Spargel, 2 dünne Lauchstangen, 4 EL frisch gehackte Kräuter, 12 dag Joghurt, 1 EL Mayonnaise, 1 gekochter Dotter, Salz, Pfeffer, Zitronensaft, Sonnenblumenöl.
Spargel und Lauch in feine Scheiben schneiden, Spargelspitzen zum Garnieren beiseite legen. Die restlichen Zutaten zu einer Sauce verarbeiten und über das Gemüse gießen; garnieren.

Schwarzer Johannisbeerlikör
1 kg schwarze Johannisbeeren, 1 l guter Kornschnaps, je 1 Stk. Sternanis, Zimtstange, Vanilleschote, Ingwer, 500 g Kandiszucker.
Johannisbeeren waschen und gut abtropfen lassen, in ein weithalsiges Glas geben, Zucker und Gewürze beifügen und luftdicht verschließen. 4 Wochen im Dunkeln stehen lassen; filtern und dunkel lagern.Wirkt fast wie Medizin.
An einem Fruchttag pflücken und verarbeiten, zunehmend nahe Vollmond.

Topfenherstellung: 1 Liter Rohmilch wird mit einem Teelöffel Sauermilch od. Naturjoghurt angesäuert. Bei einer Temperatur von 25 °C einen Tag lang - zur Milchgerinnung - rasten lassen. Anschließend füllt man in einen "Käseleinensack" ab und läßt an einem kühlen Ort abtropfen. Die Masse nach etwa 1-2 Stunden herausnehmen und verarbeiten. (Milchverarbeitung am besten an einem Wärmetag oder Lichttag).

Trauben-Apfel-Dessert (4 Portionen): *Je 250 g blaue und gelbe Trauben, 2 gehäutete Pfirsiche, Saft von einer Zitrone, 1 Apfel rot, ca. 4 EL Marascino-Likör, 4 TL Honig, 4 Walnüsse, frische Minze.*Trauben halbieren und entkernen; Pfirsichfleisch würfeln, mit Zitronensaft beträufeln. Gewaschene Äpfel in dünne Spalten schneiden und mit Zitronensaft beträufeln. Die Fruchtstücke mischen und mit einem Dressing aus Honig und Likör aromatisieren. 1 Stunde kalt ziehen lassen; in Gläser verteilen; garnieren.

Vollwert-Strudelteig: (Mengenangabe für 1 Strudel)
100 g Weizenvollkornmehl, Salz, ca. 5 EL warmes Wasser, 1 EL Olivenöl; Weizenvollkornmehl zum Ausarbeiten.
Mehl mit Salz mischen, auf die Arbeitsfläche sieben und in die Mitte eine Mulde drücken. Wasser mit Öl mischen und in die Mulde füllen, mit den Händen zu einem glatten Teig verkneten. Eine Kugel formen und mit Öl einreiben, sodaß der Teig an der Oberfläche nicht spröde werden kann; eine Schüssel darüberstülpen und über Nacht, zumindest jedoch 3 Stunden an einem warmen Ort rasten lassen. Nach der Ruhephase den Teig auf einer bemehlten Arbeitsfläche auswalken und mit den Händen zu der gewünschten Größe ziehen. Früher sagte man, der Strudelteig ist genügend ausgezogen, wenn man durch ihn hindurch Zeitung lesen kann.
Nach Wunsch füllen: Süßen oder sauren Belag gleichmäßig auf dem Strudelteig verteilen, Seitenränder einschlagen und den Teig einrollen. Auf ein mit Backpapier belegtes Blech legen, mit Ei bestreichen und im vorgeheizten Rohr bei 200 °C backen, bis der Strudel eine schöne Farbe angenommen hat (etwa 25 Minuten).

Weichsellikör mit Inhalt: *1,5 kg Weichseln, 1 l gesponnener Zucker (aus 1,5 l Wasser und 250 g Zucker - auf 1 l einreduzieren), 1 Stange Vanille, 4 Pimentkörner, 1/2 l 96 %*iger *Alkohol.* Weichseln entstielen und in eine Glasflasche geben; mit dem überkühlten gesponnenen Zucker übergießen, Gewürze und Alkohol zusetzen. Die Flasche wird verkorkt und mind. 3 Wochen an die Sonne gestellt. Anschließend wird der Likör abgefiltert und in originelle Flaschen gefüllt. Die Weichselfrüchte werden wieder zugesetzt. - Sieht hübsch aus und schmeckt gut!

Zitronensirup:
4-5 große, unbehandelte, saftige Zitronen; 700 g Zucker, 600 ml kochendes Wasser, 25 g Weinstein. Die Schale der Zitronen dünn abschälen und zusammen mit dem Zucker in einer Schüssel mit kochendem Wasser übergießen, alles durchrühren und den Zitronensaft mit dem Weinstein zum Sirup geben. Abkühlen lassen, filtern und in Flaschen füllen.

Zucchini in Bierteig:
Zucchini in (ca. 7 mm starke) Scheiben schneiden, beidseitig etwas salzen, kurz in Mehl wenden und in Bierteig (siehe Hopfensprossen in Bierteig) backen.

Zucchinigemüse mit Nüssen:
1 kg Zucchini, Salz, Pfeffer, Mehl, 4 EL Olivenöl, 4 Schalotten, 2 Knoblauchzehen, 2 EL Walnußöl, 50 g gehackte Walnüsse.
Zucchini waschen, schräg in ca. 6-7 mm starke Scheiben schneiden, salzen, pfeffern, in Mehl wenden. Öl in einer Pfanne erhitzen und die Zucchini darin knusprig anbraten. Gehackte Schalotten und Knoblauchzehen im erhitzten Walnußöl weichdünsten, Nüsse kurz mitdünsten. Zucchini mit Nußmasse vermischt anrichten, mit etwas frischem Basilikum bestreuen. Mit Brot oder Kartoffeln servieren.

TIPS

Brot bleibt länger frisch, wenn man ein Stückchen Sellerie in die Brotdose gibt.

Brokkolistrünke werden in der gleichen Zeit wie die Röschen weich, wenn man das untere Ende x-förmig einschneidet.

Fett spritzt nicht, wenn man etwas Salz in die Pfanne streut.

Frittieren: Fritiergut saugt nicht so viel Fett auf, wenn dem Fett ein Teelöffel Essig zugesetzt wird. Achtung, an Wärmetagen wird das Fett besonders heiß!

Früchte mit dünner Haut lassen sich leicht häuten, wenn man sie mit kochendem Wasser überbrüht.

Gelierprobe: Marmelade von einem Kaffeelöffel in ein Glas kaltes Wasser gleiten lassen, bildet sie einen Klumpen, kann sie abgefüllt werden; ansonsten noch etwas kochen lassen.

Geschälte Knoblauchzehen in Öl aufbewahren. Sie bleiben frisch, und das Öl wird auf diese Weise aromatisiert.

Geschälte Früchte in Essigwasser legen, und sie werden nicht braun.

Gesprungene Eier kochen: Sie laufen nicht aus, wenn dem Kochwasser Essig zugesetzt wird.

Haferflocken sind Nahrung fürs Gehirn! Sie sind reich an Phosphor-Kalk-Salzen, an Mineralstoffen und Spurenelementen. Außerdem senkt Hafer den Blutzuckerspiegel.

Handreinigung: Kirschen, Karotten und Beeren hinterlassen nach der Verarbeitung Farbflecken an den Händen. Mit Zitrone oder Zitronenschalen lassen sie sich leicht entfernen.

Hirse sollte öfter auf unserem Speisezettel stehen. Sie ist besonders reich an Silizium, das für den Zellaufbau im Körper sehr wichtig ist.

Honig niemals über 40° erhitzen. Die wertvollen Inhaltsstoffe sind sehr wärmeempfindlich und könnten sonst zerstört werden.

Karfiol bleibt beim Kochen schön weiß, wenn man ein Stück Würfelzucker ins Kochwasser legt.

Kiwis nicht zusammen mit anderen Früchten lagern (kürzere Haltbarkeit)!

Kohl und Kraut im Keller lagern: Man bindet um den Strunk einen Faden u. hängt ihn auf!

Kuchen bleibt länger saftig und frisch, wenn man einen halben Apfel in die Kuchendose legt.

Milch kocht nicht über, wenn man den Rand des Topfes mit etwas Butter einreibt. Und sie legt sich nicht im Kochtopf an, wenn man vorher mit kaltem Wasser ausspült.

Natürl. Konservierung mit Zitronenmelisseblättern: Butter, Käse damit umhüllen, kühl lagern.

Soja: Wer mit Sojagranulat oder Sojawürfeln kochen will, muß Salz, Gemüsebrühwürfel und Gewürze unbedingt bereits ins Einweichwasser geben. Mit der Einweichflüssigkeit nimmt das Sojaprodukt somit die Geschmackstoffe auf. Soja enthält hochwertiges pflanzliches Eiweiß (eine hochwertige Alternative zu Fleisch).

Tiefgefrorenes Gemüse mit heißem Wasser übergießen und abseihen, sodaß das Gefrierwasser fortgeschwemmt wird, wie gewohnt zubereiten. Auf diese Weise schmeckt es besonders frisch.

Obst bleibt länger frisch, wenn man es in Holzkisten im eigenen Laub im Keller aufbewahrt (an Fruchttagen mit aufsteigender Kraft). Keinesfalls zusammen mit Kiwis lagern!

Olivenöl bleibt länger frisch, wenn man ein Stück Würfelzucker in die Flasche legt.

Öl wird bei längerer Aufbewahrung in der Flasche nicht ranzig, wenn man etwas Schnaps zugibt.

Säfte von Früchten konservieren, indem man den Saft in Flaschen füllt und obenauf einen Schuß Sonnenblumenöl gießt. Das Öl verhindert den Zutritt der Luft. Vor Gebrauch mit einem Wattebausch das Öl vorsichtig absaugen.

Schwarzwurzeln lassen sich leicht schälen, wenn sie vorher mit kochendem Wasser übergossen wurden.

Überkochen von Reis, Nudeln etc. vermeidet man, indem man ein Stück Butter oder etwas Öl ins Kochwasser gibt. Teigwaren werden auf diese Weise auch nicht aneinander kleben.

Vanillezucker bereitet man selbst, indem man in einen gut schließenden Behälter mit Puderzucker oder sehr fein geriebenem Kristallzucker eine aufgeschnittene Vanilleschote legt und luftdicht verschließt (gelingt am besten an einem Lufttag).

Vollkorn: Bei Vollkornprodukten ist es besonders wichtig, darauf zu achten, daß das "volle Korn" aus kontrolliertem biologischem Anbau kommt und nicht gespritzt wurde.

STALL

Tiere sind unsere Brüder. Das mag für so manchen, der den Menschen als Krone der Schöpfung versteht, unglaublich anmaßend klingen. Aber bedenken wir: Alles Leben auf diesem Planeten entstand aus dem Urmaterial. Ob Stein, Mikrobe, Grashalm, Baum, Wurm, Säugetier oder Mensch, alles hat sich aus diesem einen "Organismus" durch Einwirkung der Kräfte zu einer Vielzahl von Arten entwickelt in der Geschichte unseres Planeten Erde. Wir sind also alle aus der einen Materie hervorgegangen. Der Schimpanse zum Beispiel weicht genetisch gesehen nur minimal vom Menschen ab.
Und auch wenn man sich die Mühe macht, z.B. ein Rind näher zu betrachten, wird man vieles finden, was die "Verwandtschaft" des Menschen mit diesem Lebewesen offensichtlich macht: Der Verdauungsapparat funktioniert ähnlich wie beim Menschen. Es hat dieselben Organe, dieselben Augen, dieselben Empfindungen. . . und doch sieht der Mensch großteils nur den Nutzen: ein Stück Fleisch, die Bedürfnisse auf ein Minimum reduziert. Wenn man von Fleischproduktion, Fleischindustrie usw. spricht, sieht kaum jemand mehr das Lebewesen dahinter, das - um der Rationalität und dem optimalen Nutzen des Menschen Genüge zu tun - leidet. Ich möchte an dieser Stelle gar nicht aufzählen, was die "Krone der Schöpfung" imstande ist, diesen seinen Brüdern anzutun.
Gott, die Vorsehung, die Evolution - oder wen immer wir dafür verantwortlich machen wollen, daß der Mensch zu dem wurde, was er heute ist - kann dem Menschen das Instrument "Intelligenz" keinesfalls in die Hände gelegt haben, um Macht auszuüben und seine Mitgeschöpfe rücksichtslos auszubeuten oder sie zu mißbrauchen.
Sich "die Erde untertan" machen, kann nicht heißen, der "restlichen Schöpfung" nach Belieben Gewalt antun zu dürfen. Der Mensch ist kraft seiner Intelligenz und kraft seines freien Willens als Verwalter in diese Welt gesetzt und menschlich sein heißt doch letztlich auch Rücksicht zu nehmen. Ist nicht alles Gottes Schöpfung? Was veranlaßt uns anzunehmen, daß Gott einen Teil dieser Schöpfung weniger lieben würde als einen anderen und gutheißt, was der Stärkere dem Schwächeren antut?
Die Indianer waren Jäger und lebten im Einklang mit der Natur. Alles Leben war ihnen heilig. Wenn nun ein Büffel getötet wurde, um das Überleben des Stammes zu sichern, so geschah dies in einem besonderen Bewußtsein. Man empfand Dankbarkeit der Seele des Büffels gegenüber, der sein Leben gab, um das Weiterleben des Stammes zu gewährleisten. Jeder kleinste Teil des Büffels wurde verwendet, verarbeitet. Man war sich der Kostbarkeit dieser Gabe bewußt . . .
Wie weit hat der "zivilisierte Mensch" sich doch davon entfernt! Wer denkt schon heute beim Verzehr eines Brathähnchens daran, daß dies einmal ein lebendes Wesen war, ganz davon zu schweigen, Dankbarkeit zu empfinden.
Wenn es dem Menschen gelingt, sich aus dieser Abgestumpftheit zu befreien und menschliche Größe seinen schwächeren, weniger weit entwickelten Brüdern zu zeigen, indem er sie behandelt, wie es lebenden, mit Empfindungen ausgestatteten Wesen gebührt; wenn er durch Änderung der Tierschutzgesetze die Voraussetzungen schafft, erst dann wird der Mensch seinem Attribut "Krone der Schöpfung" einen Schritt näher kommen.

Ich sehe keine Delegation, die für die Tiere spricht, ich sehe keinen Abgeordneten für die Adler. Auch wenn wir es vergessen haben und uns für überlegen halten: Wir sind doch nur ein Teil dieser Schöpfung. Und wir müssen lernen, wo unser Platz ist - irgendwo zwischen dem Berg und der Ameise, irgendwo und nur dort als wichtiger Bestandteil der Schöpfung.

Dies ist ein Ausschnitt aus der Rede des Oren Lyons, Mitglied des Elders Circle (eines Zusammenschlusses indianischer Führer), gehalten 1977 vor der UNO um die verlorengegangene Gleichberechtigung von Mensch und Natur wiederherzustellen

HEILKRÄUTER UND TIERGESUNDHEIT

Heilkräuter fördern die Gesundheit des Viehs - eine Tatsache, die nicht zu leugnen ist. Aus diesem Grund wäre es ein Gewinn für uns alle, wenn man wieder vermehrt zu einer gesunden Weidehaltung zurückfinden bzw. bei der Heuernte wieder besonderes Augenmerk auf die Kräuterblüte legen würde. Leider kommen die wertvollen Heilkräuter bei uns meist gar nicht mehr zur Blüte, da vorzeitig gemäht wird. Was nicht blüht, kann keine Samen bilden, sich nicht vermehren. Auf diese Weise werden unsere Wiesen um vieles ärmer, geht dem Vieh die Heilkraft des Naturfutters verloren; und letztendlich ist dies ja auch für den Menschen ein Verlust. Höhere Tierarztkosten einerseits und ein Milchqualitätsmangel, der wiederum einen Qualitätsverlust in der Nahrung des Menschen bedeutet, andererseits sind die Folgen.
Es ist selbstverständlich, daß die kosmischen Kräfte auf den Organismus des Tieres gleiche Wirkung ausüben wie auf den menschlichen, jeweils die gleichen Organe beeinflussen. Nachstehend einige altbewährte Heilkräuter, die in der Tiermedizin Verwendung finden:

Augentrost	Augenentzündungen (Tee zum Auswaschen)
Beinwellwurzel	kräftigend für Sehnen, Gelenke, Knochen, Bänder (zu); Atemwege
Birkenblätter	harntreibend (ab)
Brennessel(tee)	Gicht, Blutreinigung (ab), wertvolle Mineralstoffe
Bockshornklee	(Samen) aufbauend, Vitalitätssteigerung tgl. 20 g unter das Futter; milchbildend (zu); zur Auflage bei Geschwüren
Eichenrinde	kräftigt Bindegewebe und Schleimhäute; wirkt zusammenziehend, gegen Durchfall
Fenchel	Atmung, Milchdrüsen; verdauungsfördernd, blähungswidrig, krampflösend
Fichtenspitzen	wirken positiv auf die Atemwege
Haselnußblätter	stärken Venen
Heidelbeerblätter	bei Durchfall, regulieren den Wasserhaushalt
Huflattich	Atmungsorgane
Johanniskraut	bei Nervosität (zu); kräftigt die Muskulatur und regt die Lebertätigkeit an
Kamille	Geschwüre, Entzündungen
Knoblauch	verdauungsaktivierend (besonders bei Schweinen und Pferden)
Nesseln	fördern Blutbildung, regen Niere und Bauchspeicheldrüse an; für schönes Fell; nur im angetrockneten Zustand reichen
Rosmarin	verdauungsfördernd, krampflösend; wirkt aktivierend auf die Geschlechtsorgane
Schafgarbe	krampflösend, f. Stoffwechsel
Senfsamen	Verdauung; reguliert die Darmflora
Spitzwegerich	wirkt desinfizierend
Süßholzwurzel	bei Husten, Lungenverschleimung, entzündungshemmend im Magen-Darmtrakt, regt Gallenausscheidung an
Zinnkraut	Nierenausscheidung (ab); Haut, Schleimhaut aufbauend (zu)

TIERGESUNDHEIT - REZEPTE

Für alles, was entfernt werden soll, ist der abnehmende Mond am wirkungsvollsten; wenn der Körper gestärkt werden soll, und beim Ausgleich von Mangelerscheinungen der zunehmende Mond. Auch hier gilt wie beim Menschen, daß die Pflege eines Körperteils an dem Tag am wirkungsvollsten ist, wenn sich der Mond in dessen Zeichen befindet (z. B. Widdertag - Kopf). Dies sind die wirkungsvollsten Zeiten, aber natürlich sind diese Hausmittel, je nach Bedarf, auch an jedem anderen Tag anwendbar.

Alant: bei Verschleimung der Eingeweide, Katarrh, Druse der Pferde, Schnupfen der Schafe, Schweine, Hunde
Als Abkochung unter das Futter mengen: Rind und Pferd 15-45 g; Schaf 30-90 g; Schwein 4-12g; Hund 0,5-4 g; im Abstand von 4-5 Stunden wiederholen.

Augenerkrankungen: Waschungen mit Augentrost.
Hunde den Kopf nicht aus dem offenen Fenster des fahrenden Autos strecken lassen. Bindehautentzündungen sind vorprogrammiert!

Baldrian: nervöse Zustände, Schwäche, Nervenfieber, Schwindel, Epilepsie, Krampfkolik; bei krampfhaftem Harnverhalten; in dünnflüssigem Brei oder als Aufguß unters Futter.
Rindern und Pferden gibt man 30-90 g; Schafen, Ziegen 8-15 g; Hunden 1-8 g auf einmal als Zwischenmahlzeit; in 2 Stunden wiederholen.

Beinwelltinktur: bei Quetschungen, Gelenksleiden, Sehnenverletzungen, Beinhaut- und Knochenverletzungen, Brüchen, Fesselgelenklähme.
300 g getrocknete Wurzeln in 1 l 60%iger Alkohol ansetzen. Nach 4-8 Wochen an der Wärme ist die Tinktur fertig. Im Verhältnis 1 : 3 mit Wasser verdünnt anwenden.
Auflagen 2-3 x täglich erneuern.

Beruhigung v. Tieren: Ohren massieren, einknicken, kneten (bei Koliken, Untersuchungen)

Blähungen bei Haustieren und Vieh: Eibischwurzelabkochung einflößen.

Durchfall:
bei Katzen schwarzen Tee einflößen; bei anhaltendem Durchfall über 24 Stunden ist der Tierarzt zu konsultieren. Oder 0,6-2 g Eichenrindenabkochung bei Katze und Hund;
bei Schweinen: Kamillenaufguß mit Mehl zu einem dünnen Brei verarbeiten, 2-3 EL geröstetes Eichelmehl daruntermischen (3 x täglich nach Bedarf). Wirkt auch bei Ruhr sehr gut.
Bei Rind und Pferd: Rindenabkochung von Eiche 15-45 g; bei Schaf, Ziege, Schwein 4-12 g als Eichenrindenabkochung; jeweils zur inneren Anwendung.
Der Abkochung jeweils bittere, aromatische Kräuter zufügen. Abkochung in Verbindung mit Haferschleim reichen.

Erfrierungen:
Wenn die Ballen des Hundes hart und rissig werden, hat er ziemliche Schmerzen. Pfoten langsam und vorsichtig mit mit Vitamin A und D angereicherten Salben massieren. Der Hund soll nicht aus dem Haus. Schuhe anziehen (Kindersocken), mit Leukoplast befestigen!

Flechten, Hautausschläge, Haarverlust:
1 Teil Klettenwurzeln mit 12 Teilen Bier kochen, bis die Menge um die Hälfte einreduziert ist. Abgekühlt auf die befallenen Hautstellen streichen.

Hustentee:
Je 25 g Thymian, Salbei, Anis, Kamille, Malve, Huflattich, Spitzwegerich, Schafgarbe, Königskerze u. Lungenkraut; 1 Handvoll Kräutergemisch pro Kanne kochendes Wasser - 10 Min. ziehen lassen; über das Kraftfutter gießen; samt Kräutern verfüttern.

Klistier bei Haustieren und Vieh: Eibischwurzelabkochung.

Krallenbett-Entzündung:
Krallenbett mit Jodtinktur auspinseln und die befallene Pfote 2 x täglich im warmen Kamillenbad baden.

Koliken:
Das Tier warm abdecken, Unterbauch und Ohren massieren bis der Tierarzt eintrifft, evl. Schwedenkräuterwickel anwenden.
Letztes Mittel, wenn kein Arzt zu erreichen ist: *10 Aspirintabletten in lauwarmem schwarzem Kaffee auflösen, 3 EL Rizinusöl und 1/2 l Leinöl* dazugeben: Mit einer Plastikflasche schluckweise durch die Lücke zwischen den Vorder- u. Backenzähnen eingeben (oftmals lebensrettend!)
Koliken haben oft ihre Ursache in einer gestörten Darmflora (ebenso Durchfälle). Buttermilch hilft! Vorbeugend 3 Liter täglich für ein erwachsenes Pferd od. Rind unter das Futter.
Bei Kolikanfälligkeit vorbeugend Dillsamentee unter das Futter.

Lahmheit: bei Pferden unterstützend und zur Stärkung des Bewegungsapparates 1 EL gemahlene Gelatine täglich unters Futter. (zu)

Lungenseuche bei Rindern:
Einen starken Absud von Ebereschenbeeren (Vogelbeeren) in größeren Mengen mehrmals täglich.

Lungenentzündung: Nach einer Lungenentzündung zur Stärkung Anissamentee geben: Pferde und Rinder 30-90 g; Schafe, Schweine 7,5-15 g; Hunde 1-4 g.

Maul- und Rachenschleimhautentzündungen: Salbeitee

Milzbrand bei Rindern:
120 g Eichenrinde, 60 g Kalmuswurzel, 15 g Kampfer, Mehl und Wasser zu einem dünnflüssigen Brei verarbeiten. Die Menge auf 4 Gaben täglich verteilen.

Ohrgang-Entzündung:
Hund: Meist sind Fremdkörper oder Wasser in den Gehörgang gedrungen. Auch Ohrmilben und zersetztes Ohrenschmalz können Ursache sein.
Einen Wattebausch mit warmem Johannisöl tränken und bis zum Knick in den Gehörgang schieben.
Katze: Kopfschütteln und das Kratzen an den Ohren zeigen an, daß hier etwas nicht in Ordnung ist. Meist sind Milben die Ursache. Nicht selber an Katzenohren herumdoktern! Das Katzenohr ist ein hochsensibles Organ. Unbehandelte Ohrenräude kann zur Taubheit des Tieres führen. Tierarzt!

Räude: Birkenblattsalbe
Aus Birkenblättern eine Tinktur bereiten. Frische Birkenblätter in ein Glas füllen und mit 70%-igem Alkohol auffüllen, sodaß die Blätter mit Alkohol gut bedeckt sind (kurz vor Vollmond oder Vollmondtag). 4 Wochen gut verschlossen an einem sonnigen Ort stehen lassen. Lanolin oder Schweineschmalz im Wasserbad schmelzen und einige Löffel Tinktur beifügen, gut rühren, bis sich der Alkohol verflüchtigt hat, aus dem Wasserbad nehmen und kaltrühren. (Abfüllen und anwenden bei abnehmendem Mond.)

Sehnenentzündung: Kohlblattkompresse
Ein Kohlblatt (Weißkrautblatt) flachklopfen, sodaß der Saft austritt, und das kranke Gelenk damit bedecken. Mit einem Stück Plastik umwickeln und mit einer Bandage fixieren. 3 Tage am Bein belassen.

Sehnenerkrankungen bzw. Entzündungen bei Huftieren mit Lehmumschlägen behandeln. Lehm(pulver) mit Wasser und einem Schuß essigsaurer Tonerde (Apotheke) anrühren, Kompresse damit tränken, auflegen und mit einer Bandage fixieren.

Vergiftungen: Soforthilfe!
Hund: Bemerkt man beim Hund übermäßigen Durst, Erbrechen, Mattigkeit, Durchfall mit blutigem Kot, sofort zum Tierarzt! Die akute Gefahr von Nierenversagen besteht!
Falls kein Tierarzt erreichbar ist, besorgen Sie aus der Apotheke Ganidan, je nach Größe des Hundes 2-12 Tabletten, außerdem 1-4 Ampullen Ultra-Hefe.
Ein warmes Lager ist für den Hund wichtig! Lauwarmes Zuckerwasser in kleinen Mengen einflößen. Auch Kamillentee ist angebracht. In den nächsten 24 Stunden darf der Hund nur Flüssigkeit zu sich nehmen. Liegen schwere Krampfanfälle vor, hat der Hund Strychnin aufgenommen. 100-400 mg Gardinal wirkt als Gegengift.
Bei Darmblutung erhält der Hund Vitamin K mit etwas Flüssigkeit, damit die Blutgerinnung verhindert werden kann. Stellt man Knoblauchgeruch aus dem Rachen, begleitet von Blutstürzen, Geifern und abnormem Durst fest, hat das Tier eine Arsenvergiftung.

Katze: Strychninvergiftung durch vergiftete Mäuse und Ratten.
Symptome: Muskelzuckungen, Nackensteife, hochgradige Unruhe, Vergrößerung der Iris über die ganze Augenoberfläche.
Den Tierarzt rufen! Bis zu seinem Eintreffen 2 TL aufgelöstes Kochsalz einflößen (Brechmittel). Nach dem Erbrechen abgekühlten schwarzen Tee einflößen, ruhig halten.

Vitalkraftsteigerung erreicht man durch Beigabe von etwas Muskat(öl) zum Futter.

Wundsalbe: bei Ekzemen und kleinen Wunden
1 Fenchelknolle, 1 Zwiebel, 2 Knoblauchzehen, alles fein gehackt; je 1 Handvoll Kamille, Spitzwegerich u. Salbei; alles mit 500 g Lanolin aufkochen, ziehen lassen, durch ein Sieb drücken; abfüllen.
Auch Melkfett tut gute Dienste; oder man verwendet Johannisöl - wie beim Menschen.

BRUT- UND TRÄCHTIGKEITSZEITEN

Tiere, die an Vollmondtagen oder kurz davor davor geboren werden bzw. schlüpfen, sind am widerstandsfähigsten und gesündesten. Anhand nachstehender Trächtigkeitszeiten bzw. Brutzeiten läßt sich ein günstiger Zeitpunkt für die Belegung leicht errechnen:

Pferd	230 - 355 Tage	Ziege	146 - 157 Tage	Huhn	20 - 21 Tage
Höhenrind	284 - 289	Schaf	144 - 156	Perlhuhn	25 - 27
Nied. Rind	279 - 281	Schwein	110 - 118	Pute	28 - 30
Damwild	226	Kaninchen	28 - 33	Ente	26 - 29
				Gans	28 - 31
				Taube	17 - 18

TIPS

Akupunktur: die sanfte Form der Tiermedizin findet in zunehmendem Maße Anwendung. Fragen Sie Ihren Tierarzt danach.

Almabtrieb: bzw. das Einholen der Tiere in den Stall soll bei zunehmendem Mond erfolgen; dann behalten sie Kraft.

Austrieb auf die Weide: Der 1. Austrieb im Jahr bzw. der Almauftrieb sollte bei absteigendem Mond stattfinden, möglichst montags (Löwe und Krebs sind eher ungünstige Tage).

Weidetiere fressen **Brennesseln,** wenn sie gemäht und etwas angetrocknet wurden (Bitterstoffe verflüchtigen sich auf diese Weise). Die Brennessel ist ein wertvoller, Mineralstoffspender.

Bruteier: sollten nicht älter als 10 Tage sein. Liegend aufbewahren, täglich wenden; vor Erschütterung schützen; bei 38 - 40 °C aufbewahren.

Dasselfliegeneier (gelbe Sprenkel) mit einer Mischung aus Obstessig und Wasser abwaschen. Im Oktober und Jänner unbedingt Wurmkur gegen Dassellarven durchführen (ab).

Der Oktobervollmond ist als Geburtstermin für Kälber am allerbesten (Aufnehmen um Neujahr). Man sollte jedoch darauf achten, daß die Kuh nicht kurz danach wieder aufnimmt.

An Frauentagen (Marienfeiertagen) gelegte Eier galten zu Großmutters Zeiten als besonders lange haltbar; ebenso Eier, die am Gründonnerstag gelegt werden.

Entwöhnen der Kälber beginnt ca. eine Woche vor Vollmond. Am Vollmondtag letztmals trinken lassen (Löwe- u. Jungfrautag eher ungünstig).

Flöhe & Co hält man ohne Gift von Hunden fern, indem man ein Leinensäckchen mit entsprechenden Kräutern füllt (siehe Kapitel Haus, Schädlingsbekämpfung ohne Gift). Dieses Säckchen in ein Baumwoll(hals)tuch einrollen und dem Hund um den Hals binden (besonders wirkungsvoll in der abnehmenden Phase).

"Geschäfte" erledigen: Es wäre sicher für die Umwelt ein Segen, wenn jeder Hundebesitzer seinem Liebling angewöhnen würde, sein "Geschäft" über dem Kanalgitter am Straßenrand zu erledigen. Dies ist hygienisch und für ein zivilisiertes Team (aus Hund und Herrchen/Frauchen) durchaus in die Praxis umsetzbar.

Heu-Trockenprobe: Heu ist trocken, wenn es beim Wringen bricht. Läßt das Heu sich gummiartig verdrehen, soll es noch nicht eingefahren werden.

Salz ins Heu vor dem Pressen, dann ist es schmackhafter. Es vermeidet Pilzbildung und nimmt die Feuchtigkeit auf, die das Heu vielleicht noch ausschwitzt. Auf jeden Fall aber ausreichend trocknen!

Bei schlechtem **Hornwachstum** sollte man den Hufansatz regelmäßig mit Lorbeeröl massieren. Eine alte Zahnbürste leistet hier gute Dienste. (zu, Steinbock)

Huf- und Klauenpflege an Horntagen: Widder, Stier und besonders Steinbock (bei abnehmendem Mond entfernen). Hornspäne für Kompost und Düngeansätze verwenden.

Katzenseuche: ist eine gefährliche Infektionskrankheit, die zum Tode führt und sich schnell verbreitet. Man sollte die Katze vorbeugend impfen lassen.
Symptome: 41°C Fieber, Apathie, Appetitlosigkeit. Meist kauert die Katze über ihrer Trinkschüssel, ohne zu trinken.

Lager für Haustiere aus Farnkraut bereiten: Farnkraut hält Ungeziefer fern. Im Hochsommer die Farnwedel pflücken und luftig trocknen.

Kaninchen und Meerschweinchen: Ein besonderer Leckerbissen sind die Blätter von Löwenzahn und Bärenklau.

Disteln, die, mit den Wurzeln ausgerissen, leicht angetrocknet zum Futter gegeben werden, **fördern die Milchsekretion.** Wenn eine Kuh keine Milch mehr gab, mischte man in früheren Zeiten Gundelrebe unters Futter (zunehmende Phase).

Überempfindlichen Pferden hält man bei Ausritten **Mücken** u. ä. mit einer Mischung aus Nelkenöl, Lavendelöl und Wasser, die man mit einem Schwämmchen auf Kopf und Hals aufträgt, fern. (Achtung! Diese Mixtur darf nicht in die Augen oder an die Schleimhäute kommen!)

Schweine fressen Eicheln gerne. In früheren Zeiten trieb man die Schweineherde im Herbst in die Eichenwälder (zunehmender Mond).

Ratten: Blätter von Katzenminze vertreiben die Ratten. In früheren Zeiten legte man Büschel von Katzenminze-Kraut in die Hühnerställe, um Ratten fernzuhalten.

Ungeziefer hält man durch Schälchen mit Wasser und etwas Nelkenöl vom Stall fern; Holunderbüsche auf der Weide erfüllen denselben Zweck.

Rinder und Pferde ergänzen sich auf der **Weide**. Die Pferde fressen die Geilstellen bei den Kuhfladen und umgekehrt.

Zecken löst man, indem man den Schädling mit Öl einreibt und anschließend entfernt.

GARTEN

Auch der Garten ist ein Kosmos für sich, in dem - durch Zusammenwirken einzelner Faktoren wie Wärme, Wasser, Luft, Licht, Mikroorganismen, Spurenelementen und kosmischer Kräfte - Reaktionen und Prozesse stattfinden. Man kann nun diese Reaktionen durch gezielte Bearbeitung an bestimmten Tagen, an denen besondere kosmische Voraussetzungen gegeben sind, steuern (beschleunigen oder hemmen). Die Pflanzen und Mikroorganismen reagieren sehr sensibel auf diese feinen energetischen Veränderungen, und sie richten ihr Wachstum danach aus.
Auch der Gesundhaltung des Bodens soll dabei besondere Aufmerksamkeit geschenkt werden. Damit die Kleinstlebewesen, die den Lebensprozeß des Bodens aufrechterhalten optimal gedeihen können, ist es unerläßlich, eine gesunde Bodenatmosphäre durch Kompost- bzw. Mistgaben, Fruchtwechsel, Mischkulturpflanzung und optimale Pflanzengemeinschaften zu fördern bzw. herzustellen.
Durch übermäßige Bodenbearbeitung, Monokultur, Abbrennen der Beete und Felder; durch chem. Düngesalze, Insektizide, Herbizide und Fungizide wird die Entwicklung der lebensnotwendigen Mikroorganismen empfindlich gestört. Eine Verschlechterung der Bodensubstanz ist die Folge. Der Boden versauert, verschlämmt. Wenn man nun versucht ist, mit Kalk auszugleichen, erreicht man bloß, daß das wertvolle Ammoniak sich verflüchtigt, die Spurenelemente im Boden für die Pflanzen unlösbar bleiben. Wer nun meint, mit Kunstdünger ausgleichen zu können, gerät in einen Teufelskreis, aus dem es nur einen Ausweg gibt: Zurück zur Natur! Hügelbeete schaffen und eine großzügige Gabe gut gereiften Kompost einarbeiten. Erdtage bei abnehmendem, absteigendem Mond sind für alle Erdarbeiten besonders günstig, da der Boden unter diesen Gegebenheiten die Nährstoffe optimal aufnehmen kann. Anschließend bedeckt man die Beete mit einer schützenden Mulchschicht und gibt den Mikroorganismen bis zum Frühjahr Zeit, sich zu entwickeln.

Tageszeichen	wirkt auf Pflanzenteil	Bearbeitung günstig für Pflanzenart	Aufnahme
Feuerzeichen	Frucht, Samen	Fruchtgemüse (Zucchini, Gurken, Tomaten, Paprika, Kürbis), Obst, Beeren, Getreide, Mais	Wärme
Erdzeichen	Wurzel	Wurzelgemüse, Zwiebeln, Knollen, Kartoffeln (alles, was unter der Erde Frucht trägt)	Kälte
Luftzeichen	Blüte	Blumen, Blütengemüse, Blütensträucher (Brokkoli, Karfiol)	Licht, Luft
Wasserzeichen	Blatt, Stengel	Blattgemüse, Salate, Stengel (Flachs, Hanf)	Wasser

Alle Arbeiten für die entsprechenden Pflanzen sind an den dazugehörenden Zeichen am wirkungsvollsten, unter Berücksichtigung der Mondphasen. Detaillierte Angaben der am jeweiligen Tag günstigen Arbeiten finden sie im GROSSEN MOND- UND HAUSKALENDER.

Für das Setzen und Säen ist der absteigende Mond in Verbindung mit dem die Pflanzenart beherrschenden Zeichen günstig. Was über der Erde Frucht trägt, möglichst bei zunehmendem Mond, Wurzeln und Knollen bei abnehmendem Mond. Für das optimale Gedeihen der Pflanze sind im GROSSEN MOND- UND HAUSKALENDER mindestens 7 Aspekte pro Tag berücksichtigt.

FRUCHTFOLGE

Günstige Planzengemeinschaften, die so gesetzt werden sollen, daß die Wurzeln sich verflechten können, tragen ebenso zu einem gesunden Bodenklima bei, wie die richtige Fruchtfolge. Nach der Mistgabe im Herbst im nächsten Frühjahr folgendermaßen vorgehen:

auf dem 1. Beet:
1. Jahr Starkzehrer setzen (nach der Ernte Gründüngung säen)
2. Jahr mittelstarke Zehrer (nach der Ernte Gründüngung säen)
3. Jahr Schwachzehrer, anschließend im Herbst leichte Kompost- od. Mistgabe (reif)
4. Jahr wieder mit Starkzehrern im Frühjahr beginnen (Pflanzgemüse).

auf dem 2.Beet: um 1 Jahr versetzt mittelstarke Zehrer setzen (gleicher Modus).

auf dem 3. Beet: wiederum um 1 Jahr versetzt, Schwachzehrer setzen.

auf dem 4. Beet: Brachbeet: Gründüngung bzw. Bienenweide, Buchweizen oder Flachs etc.; oder wer nur die "Dreibeet-Wirtschaft" betreiben möchte beginnt hier wieder mit den Starkzehrern.

Starkzehrer:
alle Kohlarten
Gurke
Tomate
Sellerie
Kürbis
Mangold
Salate
Spinat
Lauch
Zuckermais
Aubergine
Paprika
Artischocke
Erdbeere
Kartoffeln
Rhabarber
Sonnenblume

Mittelzehrer/Bodenschoner
Bohnen
Karotten
Knoblauch
Kohlrabi
Melone
Rettich
Rote Rüben
Schwarzwurzeln
Zucchini
Zwiebeln
Fenchel
Erbsen

Schwachzehrer
Radieschen
Kräuter
Kresse
Feldsalat
Rüben
Petersilie
Folgende Schwachzehrer wirken fördernd auf Gemüse:
Kapuzinerkresse
Kren
Pfefferminze
Rosmarin
Salbei
Kamille

Eine einfachere Möglichkeit der Fruchtfolge:

Abwechselnd ein Beet nacheinander mit Wurzel-, Blatt-, Blüten-, Frucht-, Samenpflanzen bepflanzen. 2. Beet versetzt, also mit Blattgemüse beginnend bepflanzen; 3. Beet mit Blütengemüse usw.
Diese Methode ist einfacher und ebenso zielführend, da jährlich andere Nährstoffe verbraucht werden.

DIE GRÜNDÜNGUNG

Gelegentliche Gründüngung ist ein Gewinn für beanspruchte Böden. Die kräftigen Wurzeln der Gründüngungspflanzen lockern den Boden und reichern ihn mit Nährstoffen an. Zudem wird das Bodenleben positiv beeinflußt, sodaß sie zur Bodengesundung wesentlich beitragen kann. Im vierten Jahr der Fruchtfolge oder bei intensiv genutzten Böden nach der Haupternte eignet sich die lebende Bodenbedeckung hervorragend zur Bodensanierung. Auch auf neu angelegten Beeten oder als Abdeckung für Baumscheiben kommt die Gründüngung sinnvoll zum Einsatz.

GRÜNDÜNGUNGSTABELLE

nicht winterharte Arten

Pflanze	Saatmonat	Menge (g/m2)	Bodenart	Eigenschaft
Ackerbohne	2 - 4	15 - 20	eher trocken	stickstoffsammelnd
Perserklee	3 - 4/8	5 - 10	alle	stickstoffsammelnd
Buchweizen	4 - 8	10 - 15	leicht, trocken	günstig im Frucht- wechsel
Futtererbsen	5 - 9	20 - 30	alle	stickstoffsammelnd
Gelbsenf	3 - 9	ca. 5	alle	raschwüchsig Tiefwurzler
Landsb. Gemenge	3 - 4/8 - 9	5 - 10	alle	stickstoffsammelnd starkwurzelnd
Lupinen	4 - 9	20 - 30	alle	stickstoffsammelnd
Luzerne	3 - 8	ca. 5	kalkhaltig	stickstoffsammelnd
Ölrettich	4 - 9	ca. 5	eher neutral	Tiefwurzler
Phazelia	3 - 8	3 - 5	alle	Bienenweide
Sommerwicke	5 - 9	20 - 30	alle	stickstoffsammelnd
Sonnenblume	4 - 9	ca. 5	warm	Tiefwurzler, viel Grünmasse

winterharte Arten

Esparsette	3 - 8	25 - 30	kalkhaltig	stickstoffsammelnd
Feldsalat	2 - 3/9 - 10	ca. 5	frisch	Gemüse
Inkarnatklee	7 - 9	5 - 10	alle	raschwüchsig, stickstoffsammelnd
Serradella	bis 8	5 - 10	leicht, sauer	stickstoffsammelnd
Spinat	2 - 37 - 9	ca. 5	alle	Gemüse
Winterraps	8 - 9	ca. 5	alle	Tiefwurzler
Winterroggen	9 - 10	20 - 30	alle	guteDurchwurzelung
Winterzottelwicke	8 - 9	15 - 20	eher leicht	stickstoffsammelnd

MISCHKULTURTABELLE

In der Natur gibt es nur Mischkulturen. Eine harmonische Pflanzengemeinschaft im Garten, gute Nachbarn tragen viel zum Gedeih der einzelnen Pflanzengattungen bei. Sie können einander in einer Symbiose ergänzen, Stoffe austauschen, sich gegenseitig fördern, Feinde fernhalten. Aber Vorsicht! Manche Pflanzen können sich nicht riechen, und ein Mißerfolg ist vorprogrammiert, setzt man sie nebeneinander.

Es ist auch zu beachten, daß diese Pflanzen sich nicht gegenseitig gleich intensiv fördern müssen. Die eine Pflanzenart kann gewissermaßen von einer anderen zehren. Die waagrecht stehende Pflanzenart ist die profitierende lt. Tabelle. Flach- und Tiefwurzler sollten sich nach Möglichkeit ergänzen.

	Auberginen	Buschbohnen	Chicorée	Endivien	Erbsen	Erdbeeren	Feldsalat	Fenchel	Gurken	Kartoffeln	Knoblauch	Kohl/Kraut	Kohlrabi	Kopfsalat	Lauch	Mangold	Karotten	Paprika	Petersilie	Pflücksalat	Radicchio	Radies/Rettich	Rote Rüben	Sellerie	Spinat	Stangenbohnen	Tomaten	Zucchini	Zwiebeln
Auberginen																		■									■		
Buschbohnen					■	▒		■	▒	▒	■	▒	▒	▒	■	▒	▒			▒		▒	▒	▒			▒		■
Chicorée								▒						▒			▒									▒	▒		
Endivien												▒			▒											▒			
Erbsen		■						▒	▒		■	▒	▒	▒	■		▒					▒	▒			■	■		
Erdbeeren		▒					▒				▒	▒	▒	▒	▒				▒			▒			▒				▒
Feldsalat						▒						▒	▒		▒											▒			▒
Fenchel		■	▒	▒	▒				▒					▒						▒	▒					■	■		
Gurken		▒			▒			▒			▒	▒		▒	▒			▒				■	▒	▒		▒	■		▒
Kartoffeln		▒										▒	▒										■	■	▒		■		
Knoblauch		■			■	▒			▒			■					▒						▒			■	▒		
Kohl/Kraut		▒		▒	▒	▒	▒		▒	▒	■			▒	▒	▒				▒	▒	▒	▒	▒	▒	▒	▒		
Kohlrabi		▒			▒		▒							▒	▒							▒	▒	▒	▒	▒	▒		
Kopfsalat		▒	▒		▒	▒		▒	▒			▒	▒		▒		▒		■			▒		▒	▒	▒	▒		▒
Lauch		■		▒	■	▒	▒		▒			▒	▒	▒			▒				▒		■	▒		■	▒		
Mangold		▒										▒					▒					▒							
Karotten		▒	▒		▒						▒			▒	▒	▒						▒					▒		▒
Paprika	■																										■		
Petersilie						▒								■								▒					▒		
Pflücksalat		▒						▒				▒										▒	▒				▒		
Radicchio								▒				▒			▒											▒			
Radies/Rettich		▒							■			▒	▒	▒		▒	▒		▒	▒					▒	▒	▒		
Rote Rüben		▒								■	▒		▒							▒									▒
Sellerie		▒								■		▒	▒	▒	▒										▒	▒	▒		
Spinat						▒				▒		▒	▒	▒								▒		▒		▒	▒		
Stangenbohnen			▒	▒	■		▒	■	▒		■	▒	▒	▒	■						▒	▒		▒	▒			▒	
Tomaten	■	▒	▒		■					■	▒	▒	■	▒	▒		▒	■	▒	▒		▒		▒	▒				
Zucchini																													
Zwiebeln		■				▒	▒		▒			■		▒			▒						▒			■	▒	▒	

▒ = gute Nachbarn, günstige Beeinflussung

■ = schlechte Nachbarn, ungünstige Beeinflussung

□ = kein Einfluß

PFLANZENPRÄPARATE

Bei Vollmond oder bis 3 Tage vorher ansetzen, im abnehmenden Mond anwenden!

Jauche: Pflanzenteile werden in nicht metallischen Behältern mit kaltem Regenwasser angesetzt. Nicht luftdicht verschließen! 1-4 Wochen vergären lassen (Schaumbildung). Täglich umrühren!
Anwendung: Bei abnemendem Mond je nach Ansatz 1 : 5 bis 1 : 50 verdünnt in den Wurzelbereich gießen. Die höchste Verdünnung kann auch über die Blätter versprüht werden. (Pflanzenrückstände absieben). Gegen tierische Schädlinge unverdünnt verwenden!

Brühe: Pflanzenteile 24 Stunden in kaltem Wasser einweichen, dann bei kleiner Hitze ca. 30 Minuten kochen (großen emaillierten Topf verwenden).
Anwendung: Abkühlen lassen, absieben und, 1 : 10 bis 1 : 20 verdünnt, ausbringen.

Kaltauszug: Pflanzenteile 24 Stunden in kaltem Wasser ansetzen, auswringen und noch vor Einsetzen des Gärungsvorganges absieben.
Anwendung: Verwendung unverdünnt!

Tee: Zerkleinerte Kräuter mit kochendem Wasser überbrühen, 20 Minuten (und mehr), zugedeckt ziehen lassen.
Anwendung: Abgesiebt im Verhältnis 1 : 5 bis 1 : 20 mit Wasser verdünnt anwenden.

Düngepräparate

Pflanze	Bereitung	Masse pro Liter	Verdünnung	Nährstoff
Brennessel	Jauche	100 g (20 g getr.)	1 : 10 und mehr	Stickstoff, bes. Eisen
Beinwell	Jauche	100 g	1 : 20	Stickstoff, Spurenelem.
Kamille	Kaltausz.	50 g	1 : 5	stärkend
Schachtelhalm	Brühe	200 g	1 : 10	Kieselsäure
Tomate	Auszug	100 g	1 : 10	f. Tomaten

Den Jauchen kann man nach Bedarf Hornspäne, Haarschnipsel, Gesteinsmehl, Hühner- und Hasenmist oder div. andere Kräuter beimengen.

Vorbeugend gegen Pilzkrankheiten (siehe auch Schädlingsbekämpfung ohne Gift)

Pflanze	Bereitung	Masse pro Liter	Verdünnung	gegen
Kamillenblüte	Tee	20 g	unverdünnt	allg. zur Samenbeize
Knoblauch (zerdr.)	Tee	10 g	1 : 10	allgemein
Krenblätter	Brühe	50 g	unverdünnt	Monilia bei Obst
Schachtelhalm	Brühe	150 g (12 g getr.)	1 : 5	allgemein (mehrmals)
Zwiebelschalen	Tee	10	unverdünnt	allgemein

SCHÄDLINGSBEKÄMPFUNG OHNE GIFT

Apfelwickler: Fanggürtel Ende Mai; Larven regelmäßig entfernen

Ameisen: Jauche von Paradeisblättern, Wermut, Lavendel, Thymian, Kerbel, Minze pflanzen; Nest versetzen

Blattläuse: Knoblauch, Kapuzinerkresse, Lavendel, Dill dazwischen setzen; Wermutjauche, Rainfarntee, Tabak-Aufguß gießen; Ohrwürmer, Marienkäfer, Floorfliegen, Gallmücken; Brennesseltee, Schmierseifenlösung spritzen (Putzwasser)

Dickmaulrüssler: Parasitäre Nematoden der Gattung Heterorhabitis auf Boden streuen (April u. Okt.)

Drahtwurm: Kartoffelhälften eingraben, regelmäßig absammeln

Engerlinge: Maikäfer(larven) absammeln, Igel einsetzen

Erdbeerfäule: Knoblauch dazwischenstecken

Erdflöhe: Boden locker halten; Brennesseljauche gießen; feuchte russ. Teeblätter in die Erde; Beifuß, Wermut setzen

Erdraupen: Bazillus Thuringiensis; Rainfarntee verdünnt in die Erde

Feuerbrand: peinliche Sauberkeit bei Schnittmaßnahmen. Wunden verschließen. Kranke Gehölze müssen gerodet und vernichtet werden

Frostspanner: Leimringe Ende September aufbringen

Grauschimmel: wenig Stickstoff geben; Pflanze beim Gießen nicht benetzen; mit Stroh mulchen; befallene Teile sofort entfernen; Schachtelhalm-, Knoblauch-, Zwiebeltee spritzen

Kartoffelkäfer: Pflanze mit Gesteinsmehl bestäuben; Kren (Meerrettich) dazwischen pflanzen; Crab-Apple-Bachblütenkonzentrat (10 Tr. auf 10 l Wasser) feinst versprühen

Kohlfliege: Gemüsefliegennetz

Kohlhernie: Mischkultur pflanzen; kranke Pflanzen nicht kompostieren; Schachtelhalmtee spritzen; Fruchtwechsel einhalten (Kohlpflanzen 4 Jahre nicht an die gleiche Stelle!)

Kohlraupen: Tomaten, Sellerie, Beifuß, Borretsch, Dill, Ringelblume, Minze, Salbei, Ysop, Thymian dazwischen pflanzen; Rainfarntee, Tomatenblatt-Kaltauszug spritzen; absammeln

Krautfäule: nur Boden gießen; bei Tomaten regelmäßig ausgeizen, untere Blätter entfernen. Bei Kartoffeln nur gesundes Saatgut verwenden; Gesteinsmehl auf das Kraut stäuben

Lauchmotte: Rhabarberbrühe unverdünnt spritzen.

Mehltau: Stickstoffüberdüngung vermeiden; gleichmäßige Bodenbefeuchtung wichtig; Zwiebelbrühe, Schachtelhalmtee, Salzlösung spritzen; nur frühmorgens gießen; mulchen; Basilikum zu den Gurken setzen; Kerbel zu Salaten; Knoblauch zu den Rosen setzen

Möhrenfliege: Gemüsefliegennetz; Holunderblätteransatz in die Erde gießen; Tagetes, Zwiebeln, Gartensalbei dazw. pflanzen; befallene Pflanzen entfernen; Boden austauschen

Monilia: (Spitzendürre) bei Obst; sorgfältiger Schnitt bis 15 cm ins gesunde Holz; vorbeugend mit Meerrettichbrühe spritzen. Befallene Triebe und Früchte sofort entfernen; mit Schachtelhalmbrühe, Schafgarbentee spritzen

Pflaumenwickler: Fallen ab Mai aufhängen; Fallobst einsammeln, vernichten

Pilzkrankheiten: Brühe von Ackerschachtelhalm, Knoblauch, Zwiebelschalen

Rost: Wirtspflanzen nicht nebeneinander setzen (Birne - Zwischenwirt: Wacholder; Fuchsie - Weidenröschen; Malven, Pelargonien, Löwenmaul, Rosen u. a.); befallene Teile entfernen; schleimige Stellen ausschneiden; Schachtelhalmbrühe, Zwiebeltee spritzen

Schildläuse: Leimtafeln; Zehrwespen; Brennessel-Spritzung

Schnecken: Bretter auslegen - darunter versammelte Schnecken absammeln; mit Zwiebelschalentee gießen; Sägespäne, Barrieren; Schneckenkadaver veraschen* - Aschenbrühe gießen; Sud aus Tannenzapfen ausbringen; Salbei, Thymian, weißer Senf, Ysop, Knoblauch, Gartenkresse, Kapuzinerkresse setzen; Eigelege absammeln; Laufenten od. Meditationsmethode*
* beide Methoden sind auf Seite 104 beschrieben

Schorf: Sorgfältiger Schnitt; auslichten bei Apfel, Birne, Kirsche, Pfirsich; Fallaub aufsammeln, verbrennen; Bekämpfung nur in schweren Fällen nötig

Schwarze Bohnenlaus: Bohnenkraut setzen

Spinnmilben: Raubmilben einsetzen; feucht halten; Stickstoffüberdüngung meiden; Rainfarntee spritzen

Spitzendürre: (trockenheitsbedingt) bei Zimmerpflanzen; täglich mit kalkfreiem Wasser sprühen

Sternrußtau: tierische Schädlinge (Läuse, Milben, . .) bekämpfen, dann wird er vergehen

Triebsterben: bei Thuyen (Miniermotte); erkrankte Stellen sofort entfernen, vernichten. "Dimilin" wirkt wachstumshemmend auf die Larven der Miniermotte, schont Nützlinge

Tripse: Floorfliege einsetzen; braune Hüllblätter bei Gladiolenzwiebeln entfernen! Knoblauchtee, Schmierseifenlösung spritzen

Werren: (Maulwurfsgrille) Holunderblätteransatz in die Gänge leeren; Falle: Blumentopf vergraben, Brett darüber - ein Steinchen unter dem Brett am Rande des Gefäßes hält eine Spalte offen, damit das Tier hineinkriechen kann - absammeln

Weiße Fliege: Schlupfwespen einsetzen; Stickstoffdüngung meiden; Gelbtafeln (Leimfallen)

Wolläuse: Marienkäfer; mit Schmierseifenlösung abwaschen; Gallen ausbrechen!

Wurzelfliege: befallene Pflanzen vernichten; keinen frischen Mist od. Kompost ausbringen!

Wühlmäuse: Holunderblätterjauche in die Gänge gießen, vertreibt Wühlmäuse

Allgemein gegen Schädlinge: (Pilze, Bakterien, Mäuse, Insekten, ...) Knoblauch setzen bzw. mit Knoblauchansatz besprühen

Meist ließe sich der Schädlingsbefall im Garten durch die richtige Fruchtfolge verhindern. Bodenermüdung und Mangel an gewissen Spurenelementen schwächen die Pflanze und Schädlinge können sich festsetzen. Das Gießen und Besprühen mit Pflanzenpräparaten kann diese Mängel ausgleichen.

<u>Gegen tierische Schädlinge (siehe auch Schädlingsbek. ohne Gift)</u>

Pflanze	**Bereitung**	**Masse pro Liter**	**Verdünnung**	**gegen**
Rainfarn	Tee	30 g	1 : 2 und mehr	Milben Läuse etc.
Wermut	Jauche	30 g	unverdünnt	Ameisen, Sauginsekten
Rhabarber	Brühe	100 g	unverdünnt	Lauchmotte, Sauger
Tomatentriebe, Bl.	Kaltauszug	50 g	unverdünnt	Kohlraupen
Brennessel	Kaltauszug	100g	unverdünnt	Blattläuse
Holunderblatt	Jauche	100g	unverdünnt	Wühlmaus, Werren etc.

Schmierseifenlösung: 150 g Schmierseife wird in wenig heißem Wasser aufgelöst, dann in 5 l kaltem Wasser zusammen mit einem Schuß Brennspiritus gut verrührt und versprüht (mehrmalige Anwendung gegen Sauginsekten).

Die Meditationsmethode

Ein guter Freund geht bei Schneckeninvasionen, die an gewissen Tagen des Jahres auftreten und durch besondere Planetenkonstellationen sehr stark begünstigt sind, folgendermaßen vor: Er setzt sich in die Wiese vor dem Gemüsegarten und meditiert, tritt mit den "Geistern der Schnecken", den Undinen, in Kontakt und bittet sie, daß die Schnecken den Gemüsegarten in Frieden lassen mögen. Er bietet ihnen als Gegenleistung einen naturbelassenen Teil des Gartens an, wo sie ungehindert leben dürfen. - Und tatsächlich, der Gemüsegarten bleibt von den Schnecken unangetastet.
Sicher läßt sich diese Methoden auch auf andere Schädlinge anwenden. - Es wäre vielleicht einen Versuch wert?! (Neumond, Wassertag abnehmend)

Veraschen von Schädlingen

Mäuse, Schnecken, aber auch alle anderen Arten von Schädlingen lassen sich durch Versprühen einer Aschenlauge aus den Kadavern einiger Exemplare der entsprechenden Art vertreiben (bei Mäusen genügen einige Felle).
Bei Mäusen findet die Veraschung an einem Stiertag bei abnehmendem Mond oder am Neumondtag statt, am besten kurz bevor der Mond wieder absteigt.
Schadinsekten verascht man, wenn die Sonne in Wassermann, Fische, Widder, Zwilling, Stier oder Krebs steht; also vom 21. 1.-22. 7. bei abnehmendem Mond oder Neumond.
Man nehme ca. 50 Kadaver der Schädlinge, (Schnecken, Werren etc.) oder 4 Felle von Mäusen, verbrenne sie im Eichen oder Fichtenfeuer (Marskräfte), zerstoße die Aschenrückstände in einem Mörser und versetze 1 g der Asche in einer Flasche mit 9 g Wasser; 3 Minuten schütteln (= D1). Nun 90 g Wasser zugeben, wieder 3 Minuten schütteln (= D2). 900 g Wasser dazugeben, 3 Minuten rühren (= D3). 9000 g Wasser dazugeben, 3 Minuten rühren (= D4). Nun gibt man von dieser Mischung wieder nur 1 g in eine Flasche und gibt 9 g Wasser dazu. Man schüttelt 3 Minuten (= D5). 90 g Wasser dazugeben, 3 Minuten schütteln (= D6). 900 g Wasser dazugeben, 3 Minuten schütteln (= D7). 9000 g Wasser dazugeben, 3 Minuten rühren (= D8). Nun ist die Verdünnung fertig zur Anwendung. Anschließend an drei Abenden nacheinander bei abnehmendem Mond (für unterirdische Schädlinge) bzw. bei zunehmendem (für überirdische Schädlinge) 3 Spritzungen fein über die betroffenen Gebiete versprühen. Im 5. Jahr der Anwendung bleiben die Schädlinge zur Gänze fern. Das veraschen ist eine alte spagyrische Methode, mit der jedoch schon gute Erfolge erzielt wurden.

DER KOMPOST

Die Kompostierung ist ein nach außen verlegter Verdauungsvorgang. Wie der Kompost aufgesetzt und gepflegt wird, entscheidet letztendlich über die Qualität des Endproduktes. Um einen günstigen, ausgeglichenen Ablauf des Kompostierungsvorganges zu erreichen, müssen sich die vier Elemente Erde, Wasser, Luft und Feuer darin in harmonischem Gleichgewicht befinden.
Das Erdelement bringt ungefähr 10% an tonhaltiger Erde ein (oder man verwendet Steinmehle).
Das Wasserelement ist von großer Wichtigkeit für die Mikroorganismen im Kompost, für den Stoffwechsel. Der Feuchtigkeitsgrad des Kompostes soll in etwa einem ausgedrückten Schwamm entsprechen, der die Hand zwar befeuchtet aber keine Tropfen mehr bilden kann.
Das Luftelement ist für die Atmung der sauerstoffverbrauchenden Bakterien ein lebensnotwendiger Faktor. Es ist darauf zu achten, daß der Kompost leicht aufgesetzt ist, um dies zu gewährleisten. Es kann förderlich sein, Atmungslöcher in den "Organismus" Kompost zu stoßen, damit eine ausreichende Durchlüftung gegeben ist.
Das Feuerelement kommt in der Selbsterwärmung des Kompostes zum Tragen. Bei einer Temperatur von bis zu 70°C werden Krankheitskeime und unerwünschte Unkrautsamen abgetötet. Es ist jedoch darauf zu achten, daß die Temperaturen nicht zu hoch steigen.

Beginnt der Kompost modrig zu riechen, überwiegen die Luft- und Feuerelemente. Der Haufen ist zu luftig gepackt. Eine weißpudrige Schimmelschicht bildet sich und Asseln bevölkern die Oberschichten des Kompostes. Um das Gleichgewicht wieder herzustellen, gibt man an Erdtagen Erde zu und begießt mit Pflanzenjauche (Kamille, Löwenzahn). Man tritt evtl. an einem Erd- und Wurzeltag kurz vor Vollmond fest.

Beginnt der Kompost übel zu riechen (sauer, faulig, scharf), nimmt er eine schwarze Farbe an und wirkt schmierig, kalt und naß, so überwiegt das Erd- bzw. Wasserelement. Milchsäurebakterien und solche, die sich von Harnstoffen und Schwefelverbindungen ernähren, herrschen vor. Fliegen werden von diesem Gestank angezogen. In diesem Fall bleibt nur, den Haufen unter schichtweiser Einarbeitung von Strohhäcksel, Torf und anderen trockenen, leichten Stoffen umzusetzen. (Luft- oder Wärmetage eignen sich besonders gut dazu.)

Ein Kompost im richtigen Gleichgewicht riecht nach Walderde, ist locker, dunkelbraun und beherbergt den rötlichen Mistwurm.

Das Ansetzen eines Komposthaufens

Am günstigsten ist ein Platz im Halbschatten. Man stelle dort einen Kompostbehälter auf, der an den Seiten viele Luftöffnungen aufweist. Wichtig ist auch der direkte Kontakt zum Boden. Man streut eine Lage organische Abfälle in der Höhe von ca. 20 cm ein und bedeckt mit einer lockeren Streuung Steinmehl. Dann gibt man wieder organische Abfälle darüber und überstreut nach einer Höhe von abermals 20 cm mit etwas Altkompost (oder man verwendet einen in lauwarmem Regenwasser verrühten Kuhfladen als Kompoststarter). Man trägt Schicht um Schicht auf (Trockenes auf Feuchtes, Feines auf Grobes), bis der Kompostbehälter voll ist. Zwischendurch zur Harmonisierung des Komposthaufens Kräuter-Honig-Präparate zum Kompost geben (Herstellung siehe Seite 106). Der Kompost ist fertig, wenn daraus nach etwa einem halben Jahr krümelige braune, wohlriechende Erde geworden ist.

Was darf in den Kompost?
Kaffeefilter, Teesäckchen, zerbröselte Eierschalen, Gemüseabfälle, Wildkräuter (vor der Blüte; wenn Samen dabei sind, muß der Kompost warm gehalten werden, dann sterben die Keime ab), Obstreste, Grasschnitt (leicht angetrocknet) in Schichten; gehäckseltes Laub und Heckenschnitt, Sägemehl, Stroh, kleingeschnittenes Haar, verbrauchte Erde.

Was gehört nicht in den Kompost?
Plastik, bedrucktes Papier, Steine, Glas, Metall, chemisch verunreinigte Stoffe, Fäkalien, Essensreste und Fleischabfälle, Pflanzenteile mit Krankheiten, Verschimmeltes.
Der Komposthaufen ist als Gesamtorganismus zu verstehen, der ähnlich wie der menschliche Körper "funktioniert". Durch Zugabe von **Kompost-Pflanzen-Präparaten** werden diesem Organismus - ähnlich wie bei der Einnahme von Heilkräutern durch den Menschen - lebenswichtige den Organismus harmonisierende Stoffe zugeführt. Die in den Pflanzen gespeicherten kosmischen Kräfte greifen organisierend in den Kompostierungsvorgang ein und wirken einleitend auf die Umwandlungsprozesse in diesem "Organismus". Die in England sehr verbreitete Methode, Heilkräuter in Honig zu kochen und als "Reaktor" einzusetzen, soll hier näher beschrieben werden:
Man nimmt je eine Handvoll der Kräuter Schafgarbe, Kamille, Löwenzahn, Baldrian, Weiden- und Eichenrinde und kocht jedes der Kräuter getrennt (Weiden- und Eichenrinde zusammen) in zerschmolzenem Honig (ca. 5 EL pro Sorte). Am besten, man bereitet diese Präparate 3 Tage vor Vollmond bis Vollmondtag und füllt anschließend in Gefäße mit dichtem Drehverschluß ab. In einen Eimer lauwarmen Regenwassers gibt man je 1 TL der einzelnen Honigpräparate und rührt rhythmisch-dynamisch eine Stunde lang. Gute Gedanken, die sich mit dem "Organismus" Kompost beschäftigen, Liebe und Überzeugung sind in diesem Fall sehr wichtig.
Mit einem Reisigbüschel sprengt man nun diese Mixtur über den Komposthaufen. Ein Erdtag bei absteigendem Mond, zusätzlich Vollmond oder abnehmender Mond, ist hier besonders günstig.
Die Gläschen bewahrt man in Torf, abgeschirmt von etwaigen störenden Einflüssen bis zur weiteren Verwendung auf.

Die Wirkung der Pflanzenpräparate auf den Kompost

Heilkraut:	**Planetenzuordung**	**Wirkung auf den Kompost**	**entspricht dem Organ**
Schafgarbe	Venus	wirkt trocknend	Niere, Blase
Kamille	Sonne/Merkur	wirkt regulierend	Lunge
Brennessel	Mars	steuert Gärungsprozeß	Herz, Blut
Weiden- u. Eichenrinde	Mond/Jupiter	wirkt eindämmend	Gehirn, Nerven
Löwenzahn	Jupiter	wirkt wandelnd	Leber
Baldrian	alle Planeten	wirkt verbindend	Milz

Die Erde, die mindestens ein halbes Jahr lang in einem Komposthaufen gelagert hat und anschließend durch Sieben von großen Bestandteilen befreit wurde, nennt man Fertigkompost. Reine Komposterde hat einen sehr hohen Nährstoffgehalt. Sie darf keinesfalls unverdünnt als Pflanzerde für junge Pflänzchen verwendet werden. Man verteilt den Kompost dünn auf die Beete. So ist er am wirksamsten.

GARTENTIPS

Angießen von frisch gesetzten Pflanzen mit Brennesseljauche.

Auch bei **Bäumen sollte ein Fruchtwechsel** bei Neupflanzungen stattfinden. Wo längere Zeit ein Kernobstbaum stand, sollte im Anschluß Stein- oder Beerenobst gepflanzt werden.

Blumenkistchen: Nach dem Abräumen der Balkonblumen sollte man Blumenkistchen mit heißem Schmierseifenwasser auswaschen, um etwaige Pilze zu beseitigen.

Blumenkistchen mit doppeltem Boden (selbstbewässernd) sind besonders vorteilhaft. Man muß vielleicht nur 2 x die Woche gießen (je nach Wetterbedingungen) - also eine immense Zeitersparnis, wenn man ein "blühendes Haus" sein eigen nennt - und die Pflanzen haben immer gleichmäßige Feuchtigkeit und sind gut versorgt.

Wer solch eine Errungenschaft noch nicht besitzt und einmal wegfahren möchte, der stecke eine **wassergefüllte Bierflasche** kopfüber in die gut befeuchtete Erde. Sie wird den Pflanzen wohldosiert Wasser spenden.

Bohnen nicht zu tief setzen! Sie sollen die Glocken noch läuten hören.

Brennesseljauche riecht nicht gar so übel, wenn man etwas Gesteinsmehl zusetzt.

Düngen am günstigsten nach dem Hacken, bei abnehmendem Mond, z. B. zur Wurzelstärkung an einem Wurzeltag, für Blütenansatz an einem Blütentag usw.

Erdbeeren nur 1x die Woche gießen, dafür aber besonders ausgiebig, nicht die Blätter benetzen!

Erdmischung für Samen und Frühbeet: 1 Teil Torfmull, 1 Teil Sand, 1 Teil reife Komposterde, 2 Teile gute Gartenerde

Ernten: Salat stets morgens ernten, Radieschen abends (hält so länger frisch)

Gießen: Möglichst morgens, nicht in der Mittagshitze! Wassertröpfchen auf den Blättern wirken wie Brenngläser, wenn die Sonne darauf scheint.

Gurken: Nach dem 7. Blatt die Pflanzenspitze kappen (an einem Blüten- oder Fruchttag).

Hacken alle 9 Tage abends (Tau fängt sich in der Scholle und wird zu den Wurzeln geleitet); Fruchtgemüse an Fruchttagen hacken (möglichst absteigend), Blütengemüse an Blütentagen, Wurzelgemüse u. Knollen an Wurzeltagen. An Wurzeltagen können generell alle Pflanzen gehackt werden.

Hecken pflanzen: Man rechnet folgende Stückzahlen pro Laufmeter: 3-5 Hainbuche, Weißdorn, Rotbuche, Heckenberberitze, Alpenbeere, Prachtspiere; 4-5 Liguster, Mahonie; 4-7 Zierquitte; 5-6 Feuerdorn,

Kohlpflanzen: sind Starkzehrer und sollten frühestens alle 5 Jahre auf denselben Platz. Sinnvollerweise sollte jedoch generell ein Fruchtwechsel mindestens im 4-Jahres-Rhythmus stattfinden.

Kranke Früchte: 2 Wochen lang in ein Faß mit Wasser legen, tötet viele Keime ab; anschließend kann man sie zum Kompost geben.

Krebsgeschwüre an Bäumen: ausschneiden und Wunden verschließen; ggf. Ast 20 cm unterhalb abschneiden.

Kürbisse, Melonen: Wer sie bereits im April in Töpfen gesät hat, kann sie nach den Eisheiligen aussetzen 1,5 m Abstand pro Pflanze halten. Zuckermelone jedoch nur in warmen Gegenden ins Freie pflanzen, Abstand 80 cm. In kühleren Gegenden empfiehlt sich die Pflanzung im Glashaus oder Frühbeet.

Gehen Sie mit **Liebe und Freude an die Gartenarbeit**. Liebe ist Schwingung, feine Energie, die sich auf das Lebewesen Pflanze wie Dünger auswirkt.

Pampasgras: überwintern: mit Schilfmatte umwickeln; so kann es selbst Winterstürme überstehen.

Pflänzchen morgens vom Saatbeet nehmen, im feucht-kühlen Keller - in Zeitungspapier gewickelt - aufbewahren und abends ins Beet pflanzen; dicht am Stengel angießen (Brennesseljauche).

Pilzerkrankungen vermeiden: Genügend Abstand zwischen den Pflanzen halten; bei Tomaten untere Blätter entfernen; frühmorgens gießen (Wenn abends gegossen wird, bleiben die Blätter feucht und Pilze können leicht Fuß fassen.) Nicht überdüngen! Auf günstige Fruchtfolgen und Mischkultur achten. Vorbeugend Spritzungen gegen Pilzkrankheiten mit Tees.

Rasen: im Sommer nicht zu kurz mähen; soll er dicht werden, an Krebstagen zunehmend mähen; soll er weniger schnell wachsen, an Blütentagen; Düngegabe (Kalk) am besten im März und ca. Mitte August (Wurzeltag) für starkes Wurzelwachstum, damit der Rasen im Winter keinen Schaden nimmt.

Rettiche, Radieschen und andere Wurzelgemüse werden besonders groß, wenn man sie, jedes Samenkorn einzeln, in genügend großem Abstand steckt. Der Mond soll dazu in einem Wurzelzeichen stehen und absteigen, am besten auch noch abnehmen.

Rhododendren und Azaleen wünschen sich viel Torf, weil sie saure Erde benötigen 1 : 1

Saatbeet: Mindestens 1 x wöchentlich mit Kamillen- oder Schachtelhalmtee gegen Pilze gießen.

Samenansätze: Verblühtes regelmäßig schneiden, nur Samenstände von den ersten, schönsten Blüten zur Ausreifung belassen, sofern man Samen ernten möchte (an Fruchttagen)

Samen, Bohnen und Steckzwiebeln sind widerstandsfähiger, wenn man sie vor dem Stecken oder Säen eine Nacht lang in Kamillentee oder Bachblüten-Mischung (je 1 Tr. Vine, Hornbeam, Olive und Rescue pro Liter Quellwasser oder Regenwasser) quellen läßt.

Starke, tiefreichende Wurzeln erhalten die Pflänzchen, wenn man sie nicht zu sehr mit dem Gießen verwöhnt.

Steckhölzer (Johannisbeere, Holunder, Forsythie etc.) werden im November geschnitten (Blütentag aufsteigend bei abnehmendem Mond), frostfrei an einem kühlen Ort aufbewahren (zu 2/3 in Sand einschlagen).

Tomaten: Früchte können sich besser entwickeln, wenn man die Seitentriebe ausbricht (ausgeizt). Diese Geiztriebe können für Ansätze und Jauchen zur Düngung und Schädlingsbekämpfung verwendet werden. Man kann sie auch an einem Wurzeltag, zunehmend, bei absteigendem Mond als Stecklinge setzen.

Tomaten-Starthilfe: Für die Tomatenpflanze ein Loch ausheben; eine Handvoll Brennesseln hineinlegen und Erde darüber verteilen, die Tomatenpflanze darauf setzen und gut angießen.

Tomaten von Stecklingen ziehen: Beim Ausgeizen der Tomaten fallen große Mengen oft schon sehr gut entwickelter Triebe an. Man setze einige kräftige Exemplare dieser Triebe möglichst an einem Wurzeltag mit absteigender Kraft in Blumentöpfe und überwintere sie an einem kühlen, hellen Platz. Ab Mitte Mai kann man sie an einem Fruchttag ins Freie setzen und die gut entwickelten Pflanzen werden schon bald Frucht tragen.

Unkräuter: Man sollte sie eher Wildgemüse nennen, denn die meisten von ihnen sind eßbar und sehr mineralstoffreich. Wer sie genau studiert, erfährt viel über Bodenmängel.

Unterirdisches Gemüse: Alles, was unter der Erde Frucht bringen soll, abends pflanzen u. ernten.

Verwandte Pflanzenarten in der Fruchtfolge nicht nacheinander pflanzen, Fruchtfolgekrankheiten können die Folge sein. (Nährstoffmangel!)

Im Wurzelbereich des **Walnußbaumes** verkümmern andere Pflanzen.

Das silberne Mondlicht berührt die
Spitzen der Tannen, spendet Kraft.
Die Geister des Waldes erwachen,
sichtbar nur für den, der zu träumen vermag.

HOLZQUALITÄTEN - HOLZFÄLLZEITEN

Normalerweise wird Holz in der Wintersaftruhe geschlagen (arbeitet nicht), also ab Mitte November. Mit 20. Jänner beginnen die Säfte wieder zu steigen; ab diesem Zeitpunkt nur noch bei abnehmendem Mond Bauholz schlagen. Krebs und Schütze meiden - nachstehende Ausnahmen beachten! (ab = abnehmender Mond; zu = zunehmender Mond)

Besondere Holzeigenschaften u. -qualitäten erhält man bei Schlägerung unter folgenden Kriterien:

arbeitet weniger	von 21. 12. bis 6. 1. geschlagenes Holz (muß nicht sofort entrindet werden)
brennt nicht	1. Jänner, 1. März nach Sonnenuntergang; letzte 48 Std. vor März-Neumond; Waage, Wassermann in Neumond; letzte 3 Tage vor Dezember-Neumond z. B. für Holzkamine (bei zunehmendem Mond errichten)
gleichbleibend	Holz, das sich nicht verändern soll, zu Beginn des Februars, bei (Neumond) zwischen 9 u. 16 Uhr schlagen.
hart, fault nicht	Neujahrstag, 7., 25., 26., 31., Jänner, 1. + 2. Feb.; letzte 2 Tage im März ab (Fisch); 1.1., 31.1. bis 2. 2. wird steinhart (Pfahlbauten, Piloten u.ä.); 28.- 31.5. Hartholz bei ab Mond im April fällen - gleich aufarbeiten; 1. Juli; zunehmend für Wasserholz; warme Sommertage zu für Stege, Brükken - gleich einschlagen.
reißfest	spaltet sich nicht, wenn am 12.2. bei zunehmendem Mond geschlagen ebenso 1.3. und 1. Freitag im März nach Sonnenaufgang; für Möbel u. Schnitzereien zu und Fische; 25.3., 29.6., 31.12. (auch schwundfrei) Wipfel zu Tal liegen lassen - zieht Saft heraus; 10.6. Margarethe; Tage vor Novemberneumond; 24. 6., 12 - 13 Uhr, wenn es sofort verwendet werden soll.

schwundfrei	jeweils 1., 2., 3. Tag nach Neumond; Neumond in Waage; Frauentage + Krebs; 8. u. 9. bei Tiefstand des Mondes (bes. für Fußböden geeignet). 1. Februar abnehmende Phase nach Sonnenuntergang (wird hart); 27. September; 21.12. Thomastag zwischen 11 u. 12 Uhr; 25. 3., 29. 6., 31. 12.;
verzieht sich nicht	26. Februar, wenn ab, am besten Krebs; Neumond in Krebs, Skorpion; erste 8 Tage nach Dezemberneumond, wenn Waage, Löwe, Jungfrau
bleibt wurmfrei	1. 1., 31. 1., um den 25. 2.; letzte 3 Tage im Februar, bei ab; letzte 4 Tage im Mai ab; letzte 2 Tage im Dezember;
Bau-, Sägeholz	(schädlingsfrei) zu Fisch (September bis März) kein Schädlingsbefall
Böden	ab; 1. Tag nach Vollmond, wenn Stier; 7.,8.,9. Jänner, (wenn Waage, Skorpion); verlegen bei absteigendem Mond!
Brücken, Boote etc.	(kein Holzschutzmittel nötig) ab, Fisch od. Krebs - trittsicher, verrottet nicht. 24. 6., 12 - 13 Uhr; Neumond in Krebs; warme Sommertage gleich verarbeiten.
Dachstühle	Neumond und Krebs (seltene Konstellation), geht nicht nach. Aufrichten des Dachstuhles im aufsteigenden Mond, Feuer- od. Luftzeichen.
Holzdecken	ab (schwer, tragend)
Türen, Fenster	(klemmen nicht) an Widder, Stier, Steinbock aufsteigend oder abnehmend.
Werkzeuge	Skorpion im August wird besonders leicht; 1 Tag nach Vollmond, kurz vor Vollmond.
Brennholz	Buchen, Kiefern im 1. Viertel Juni ab, od. 1. Viertel August zu - liegen lassen; Oktober 1. Viertel zu (erste 7 Tage nach Neumond); nach Wintersonnenwende im abnehmenden Mond - Wipfel talwärts liegen lassen.
Adventkranz und Tannen	3 Tage vor Novemberneumond (behalten Nadeln).
Christbaum	Fichten detto, jedoch kühle Lagerung bis Weihnachten; zunehmend, generell aufsteigender Mond und Blütentag.

Noch ein Tip zum richtig geschlagenen Holz:
Meist wird derzeit noch auf die Frage, ob das Holz auch zu den richtigen Zeiten geschlagen wurde, entweder mit einem Augenzwinkern bestätigt oder zu erklären versucht, daß es praktisch unmöglich sei, solchen Kundenwünschen in der modernen, technisierten Zeit zu entsprechen.
Lassen Sie sich im eigenen Interesse nicht beirren! Wenn nötig, organisieren sie einen Holzfällertrupp und sorgen sie in Eigenregie für die gewünschte Holzqualität. Oder sie wissen vielleicht bereits, daß man sich auf ihren Holzhändler diesbezüglich verlassen kann. Teilweise wird doch wieder auf die richtige Zeit beim Holzfällen geachtet.

BORKENKÄFERBEKÄMPFUNG

Zu Großvaters Zeiten ging man bei Borkenkäferbefall folgendermaßen vor:
Hatte man im Herbst Gänge von Borkenkäferlarven am Baumbestand festgestellt, wurden Anfang März an einem Wassertag bei zunehmendem Mond sogenannte Loh-Bäume (Fichten) gefällt. An Wassertagen und zunehmendem Mond deshalb, weil die Rinde möglichst saftig sein muß, um den Käfer anzulocken.
Man "ringelte" nun mit dem Ringeleisen in ca. 1,2 m Abstand Schnitte rund um den Stamm, sodaß sich zwischen zwei Schnitten die Rinde (der sog. Loh) mit dem Schäleisen in einem Stück abschälen ließ. Die Loh breitete man nun mit der klebrigen Bastseite nach unten auf dem Waldboden aus.
Der Duft der frischen, harzigen Rinde lockte die Borkenkäferschwärme an, die - in der Absicht, hier ihre Eier abzulegen - am klebrigen Bast haften blieben.
Von Zeit zu Zeit wurde kontrolliert, und wenn sich nun ein sogenannter "Schwarm" gefangen hatte, verbrannte man die Fangrinde.

DIE AUSSAAT VON BAUMSAMEN

Vorbereitende Bodenbearbeitung:
Gerodeter Waldboden (Moos, Gras, Unkraut muß beseitigt sein) wird umgearbeitet und die größeren Steine entfernt. Der Boden soll nicht zu naß sein, da sonst die Saat durch Barfröste geschädigt werden kann. Man sät zeitig im Frühjahr, sobald es möglich ist. Eine Herbstsaat ist meist nicht so erfolgreich, ausgenommen schwere Samen, die lange zum Keimen brauchen (Tanne, Buche und Eiche. Eiche und Zirbelkiefer z. B. keimen erst im zweiten Jahr nach der Saat). Am besten man schlägt diese Samen im ersten Jahr in die Erde ein (eine Art Vorkeimung) und baut sie erst im zweiten Jahr richtig an.
Die Aussaat erfolgt im Freien mit der Hand, bei absteigendem, zunehmendem Mond, an Wurzeltagen. Wenn das Holz langsam wachsen, aber hart werden soll, an einem Stiertag, ansonsten ist Jungfrau immer gut. Sehr wichtig ist die Bedeckung des Samens nach der Aussaat. Sie darf nicht zu dick sein. Früher überstrich man die Saat einfach mit Reisigzweigen, oder man bedeckte bei schwereren Böden mit der Hand. Zum Samenschutz könnte man die Aussaatstelle evtl. mit einem Schutzgitter abdecken.

Die Samenmenge: Die benötigten Samenmengen sind nach Holzart verschieden. Bei mittlerer Keimfähigkeit (ca. 70% bei Fichte und Esche; 30%-40% bei Tanne und Lärche) wird für eine Saatfläche von 100 m2 eine Samenmenge von:

Buche	3 - 5	kg	Lärche	2 - 3	kg
Eiche	10 - 15	kg	Schwarzkiefer	1 - 3	kg
Esche	3 - 5	kg	Tanne	8 - 10	kg
Fichte	1,5 - 2,5	kg	Weißkiefer	1,5 - 2	kg

Nachdem die Saat aufgegangen ist, darf man sie keineswegs dem Schicksal überlassen. Je kräftiger der Boden, desto früher und mehr wird Unkraut sich finden. Vorsichtig jäten, damit die Sämlinge nicht ersticken und dennoch die Wurzeln nicht beschädigt werden (abnehmend Steinbock).
Die Pflanzung kann entweder mit Wildlingen (wild aufgegangenen Pflanzen) oder den gezogenen Sämlingen erfolgen. Laubhölzer werden etwa im Alter von 5 - 8 Jahren, Fichten mit 3 Jahren, Kiefern und Lärchen 2-jährig verpflanzt (am besten absteigend und zunehmend, Jungfrau oder Fisch generell, oder Nadelbäume an Steinbock, Eichen an Widdertagen, etc.; siehe nachfolgende Tabelle) Pflanzabstand je nach Gegebenheit 1,5 - 2 m.
Beim Umsetzen der jungen Bäume ist zu beachten, daß die Wurzeln nicht austrocknen dürfen! Stets nur etwa 50 Stück ausgraben und die Wurzeln bedeckt halten. Sofort einsetzen!
Die beste Zeit für das Setzen von Bäumen wäre nach Sonnenuntergang.

Bäume und ihre Zuordnung zu den Planeten:

Ahorn	Jupiterholz	Schütze
Eiche	Mars	Widder
Esche	Sonne	Löwe
Fichte	Sonne	Löwe/Steinbock
Kiefer	Saturn	Steinbock
Lärche	Merkur	Zwilling
Linde	Merkur	Zwilling
Rotbuche	Jupiter	Schütze
Tanne	Saturn	Steinbock
Weißbuche	Saturn	Steinbock

Bitte achten Sie beim Pflanzen der Bäumchen darauf, daß die Wurzeln nicht verletzt werden und sich im Pflanzloch keine größeren Steine befinden. Mit der Zugprobe läßt sich leicht feststellen, ob das Bäumchen genügend Halt findet. Ist das Bäumchen gepflanzt, im Umkreis einige Steine auslegen, damit es vor Austrocknung und Unkraut geschützt ist.
Bei einem Dreiecksverband von 1,5 m Pflanzentfernung benötigt man 5132, bei 2 m Verband nur mehr 2887 Pflanzen per ha. Für den Quadratverband bei 1,5 m 4444, bei 2 m 2500 Stk. Pflanzen. Ein Reihenverband mit 1,5 m Reihenabstand und 1 m Pflanzenabstand benötigt 6667 Pflanzen pro ha, bei 2 m weiten Reihen und 1,5 m Pflanzabstand 3333 Stk.
Um die Pflanzenzahl für das Joch zu erhalten, multipliziert man mit dem Faktor 0,575.

HOLZARTEN UND IHRE VERWENDUNG

Buche: Das Holz der Buche ist weiß bis graurötlich, meist mit rotbraunem Kern. Es ist gleichmäßig hart und hat - wenn die Zeiten beachtet werden - ein gutes Stehvermögen.
Früher wurde sie fast ausschließlich als Brennholz verwendet, aber heute hat man ihren Wert erkannt und sie wird als eine der wichtigsten Holzarten der neueren Zeit für Möbel, Böden, Biegeholz, Furniere und Platten, Bahnschwellen und für Zellulose verwendet.

Eiche: Das Holz der Eiche ist gelblichbraun im Kern, der Splint ist gelblich. Es ist ein hartes Holz, Gewicht ca. 760 kg/fm. Der Kern ist sehr dauerhaft, der Splint eher anfällig. Im allgemeinen ist es mäßig schwindend und leicht spaltbar. Wenn Eichenholz zur rechten Zeit geschlagen wird, weist es sehr gute bautechnische Eigenschaften auf.
Verwendet wird die Eiche für Furniere, Möbel, Schnitzereien, Fenster, Türen, Platten, Böden, Treppen, Drechselarbeiten als Wasserholz und in der Faßbinderei.

Esche: Das Holz der Esche ist weißlich bis rötlich und erst im Alter bräunlich im Kern. Es ist hart, zäh und elastisch bei einem Gewicht von 740 kg/fm. Es ist mäßig schwindend und im Freien von mittlerer Lebensdauer. Bei den Völkern des Nordens genoß die Esche hohe Verehrung. In ihrem Weltbild war das Universum wie eine riesige Esche - die Weltesche Yggdrasil aufgebaut.
Verwendung vorwiegend für Möbelfurniere, als Wagenholz, Biegeholz, in der Faßbinderei und zur Herstellung von Sportgeräten.

Fichte: Das Holz der Fichte ist gelblich bis rötlichweiß; es ist weich, mäßig schwindend, elastisch, leicht spaltbar, gut bearbeitbar und sehr tragfähig bei einem Gewicht von 740 kg/fm. Verwendet wird die Fichte in der Tischlerei, als Stangen- und Mastenholz, zur Plattenherstellung sowie im Hochbau. Bei Verwendung im Freien ist es eher weniger dauerhaft.

Kiefer: Das Holz der Kiefer ist im Kern rötlichbraun, im Splint gelblich. Es ist mäßig hart, druckfest gut spaltbar und dauerhaft, jedoch wenig elastisch. Hoher Harzgehalt zeichnet die Kiefer aus. Durch Destillation wird aus dem Harz Terpentinöl gewonnen.

Lärche: Die Lärche gehört zur Familie der Kieferngewächse. Sie liefert ausgezeichnetes Nutzholz.

Pappel: Die Pappel gehört zu den Weidengewächsen und ist sehr schnell wachsend. Bei sachgemäßer Pflege kann sie in 20-30 Jahren einen Ertrag von 3 fm liefern. Sie läßt sich sehr leicht durch Stecklinge vermehren. Das Holz ist leicht und weich.
Verwendung: in der Papierindustrie.

Tanne: Die Tanne gehört zur Familie der Kieferngewächse.

TIPS

Bäume kurieren: An Vollmond oder 4. Viertel ab die Spitze des erkrankten Baumes entfernen, die jew. Astspitze oder die Krone - er wird wieder neu austreiben und gesunden.

Verziehen von Holz: Es ist bereits aus der Rinde eines Baumes ersichtlich, in welche Richtung sich das daraus geschnittene Holz verziehen wird. Dreht sich die Struktur der Rinde nach rechts, wird sich auch das Holz nach rechts verziehen.

Erste Hilfe für Bäume: Leider kommt es nicht selten vor, daß Bäume durch Bau- od. Zugmaschinen oder Autos Schaden nehmen. In die Wunde sofort einen Brei aus Lehm und Wasser streichen, schützt vor Austrocknung und ist schnell zur Hand.

An **Fisch gefälltes Holz** wird blauschwarz.

An **Krebs oder Schütze gefälltes Holz** bleibt nicht ruhig, arbeitet stark.

Luftgetrocknetes Holz ist stets künstlich getrocknetem vorzuziehen. Es ist besser und dauerhafter.

Bei **Gewitter** nie Schutz unter einem linksdrehenden Baum suchen, auch nicht unter Eichen!

Holz aufschlichten an einem Wärme- oder Lufttag im aufsteigenden Mond, evtl. abnehmend.

Nadelbäume aus eigener Zucht: Zu Großvaters Zeiten nahm man Zapfen von den gesündesten und schönsten Bäumen, trocknete sie, sodaß die Samen ausfielen und säte die Samen in ein Stück gerodeten Waldboden. Auf diese Weise erhielt man Baumsämlinge aus eigener Zucht, die man - waren sie groß genug - aussetzte: Man hackte eine Grube in den Waldboden, setzte das Bäumchen ein und trat fest (siehe Seite 112).

Nadelbäume nur so tief pflanzen, wie der Wurzelballen hoch ist. Möglichst gleich beim Pflanzen der Bäumchen Steine von der Pflanzgrube entfernen.

Beste Tage für **Rodungen:** generell Steinbocktage ab; die letzten 3 Tage im Februar, der 3. April, 18.-22. Juni, 30. Juli, 1. August.

Schwendtage sind Rodungstage. An diesen Tagen geschlagenes Holz wächst nicht mehr nach, und sogar die Wurzeln verfaulen. Der Überlieferung nach waren Schwendtage ursprünglich Tage, an denen man nichts säen, pflanzen oder neu beginnen sollte. Nur zum Roden oder Jäten sollten sie zu gebrauchen sein.

An **Skorpion geschlagenes Holz** sofort entrinden - Käfergefahr!

Bauholz von der **Sonnenseite** ist besser als von der Schattenseite.

FELD

Müsset im Naturbetrachten
Immer eins wie alles achten.
Nichts ist drinnen, nichts ist draußen
Denn was innen ist, das ist außen.

Goethe

Bis vor etwa 200 Jahren wurden in Mitteleuropa die Felder noch in der 3-Felderwirtschaft bestellt. Ein vorgeschriebener Fruchtwechsel fand statt, indem auf einem Feld das Wintergetreide (Weizen, Roggen) und auf dem anderen das Sommergetreide (Gerste, Hafer oder auch Bohnen) gesät wurde. Das dritte Feld lag brach und wurde als Weide genutzt. Die Unkräuter ließen sich auf dem Boden nieder, lockerten ihn mit ihren Wurzeln, schafften Ausgleich, bereicherten ihn mit ihren Stoffwechselprodukten, bis im Brachmonat Juni gepflügt wurde, um im Herbst die neue Wintersaat einzusäen.
Später dann, als auch bei uns die Kartoffel Volksnahrungsmittel wurde, bebaute man das Brachfeld mit Kartoffeln oder Hackfrüchten.
Der Bauer war eng mit seinem Land verbunden. Das war keine Subjekt-Objekt-Beziehung, wie sie heute allgegenwärtig ist. Man lebte in dem Bewußtsein, verwandt zu sein mit der Natur, die einem nährte und der man wieder zurückgab, um abermals zu bekommen. Auf dieser Ebene erlebte man die Naturkräfte noch unmittelbar, personifizierte sie, gab ihnen Gestalt… Das kulturelle Erbe wurde weitergetragen. Riesen, Zwerge, Waldgeister, Kobolde, Elfen und Feen schienen allgegenwärtig, und es gab wohl kein Haus ohne seine ganz besonderen Hausgeister mit ihren liebenswerten Eigenarten oder kleinen Boshaftigkeiten.
Man beobachtete die Natur jahraus, jahrein, erlebte die Wandlungen - das Ergrünen der Natur nach dem toten Winter, eine Auferstehung. Man sah den Dunst sich vom Erdboden lösen und konnte sich nicht erklären, was hier eigentlich vorging - die Erdgeister sammelten sich, tanzten im Morgen… Schwere Sommergewitter, die zerstörerische Kraft der Blitze, auch sie waren Werke der unsichtbaren Naturgeister. Man mußte versuchen, diese Naturgewalten friedlich zu stimmen. Ein Entrinnen gab es nicht, man mußte mit den Wesen der Natur leben, ob gut oder böse. Und so war diese besondere, innige Beziehung zwischen Mensch und Natur erklärbar…

Erst mit der neuen Aufgeklärtheit, zur Zeit der Französischen Revolution, die auch dem einfachen Menschen Zugang zu modernem Wissen verschaffte, erfuhren diese Vorgänge in der Natur eine "Entzauberung" und eine Ernüchterung. Man lebte in der Materie, mit beiden Beinen fest auf dem Boden. Alles war wissenschaftlich belegbar… und die Naturgeister wurden ins Reich der Märchen verbannt.
Ab diesem Zeitpunkt gewann man aber auch eine andere Einstellung zum Land. Bald war es in den Augen der Menschen nichts mehr weiter als tote Erde, die man bestellte, bebaute und zur Ertragsteigerung mit einer neuen Spielart des Fortschritts - dem Kunstdünger - bestreute. Pflanzenschutzgifte, Fungizide und Insektizide folgten. Leicht zu bearbeitende Monokulturen waren angesagt.
Aber vielleicht gibt die Situation, in der wir uns heute befinden nun doch somanchem zu denken, und er greift - abseits vom Mehrertragsgedanken - den Trend zum gesunden Naturprodukt auf. Echte Qualität wird immer ihren Preis haben…

BIODYNAMISCHE DÜNGUNG

Hornmistpräparat: *fördert das Wachstum, wirkt ausgleichend auf den Boden*
Ein Kuhhorn mit frischem Kuhmist füllen und im Herbst in gutem Humusboden vergraben. Über den Winter verrottet der Mist im Horn - eine feinstoffliche Reaktion findet statt. Im Frühling wird das Horn wieder ausgegraben und ein Stück von der Größe einer Walnuß in einem Eimer lauwarmen Regenwassers aufgelöst. Nun rührt man mit einem Holzgerät eine Stunde lang dynamisch nach links und dann wieder nach rechts, sodaß sich ein Sog in der Mitte des Eimers bildet. Anschließend wird das Präparat - am besten nachmittags - mit einem feinen Zerstäuber recht sparsam über die Felder bzw. Beete gesprüht (Wurzeltag, absteigend und abnehmender Mond).

Hornkieselpräparat: *zur Förderung der Lichtempfindlichkeit der Pflanzen*
Feiner Quarzstaub wird befeuchtet und in ein Kuhhorn gestopft, das man im Frühling über einen halben Meter tief im Humus vergräbt. Im Herbst wird es wieder ausgegraben.
Man verrührt vom Präparat die Menge eines Pfefferkornes in einem Eimer lauwarmen Regenwasser und rührt wieder rhythmisch, entgegengesetzt. Dieses Präparat überträgt Wärme- und Lichtkräfte in feinstofflicher Weise auf die Pflanzen und soll in den Morgenstunden direkt auf die Pflanzen gesprüht werden. Saatbeet und Jungpflanzen nicht damit behandeln (Blütentag/ Lichttag zunehmend, aufsteigender Mond).

Bach-Blütenkombination für gute Keimfähigkeit von Saatgut
je 10 Tr. pure Essenz von Vine, Hornbeam, Olive und Rescue (in der Apotheke erhältlich oder aus eigenem Ansatz) auf 10 l Gießwasser; Saatbeete damit gießen - für einen guten Start.

Stalljauche: Eine Mischung aus Urin und Mist muß gut vergoren sein, ehe man sie ausbringen darf. Es ist besonders vorteilhaft, dieser Brühe noch Kräuterzusätze zuzufügen. Gibt man große Mengen Brennesselkraut dazu, wird mit Eisen angereichert, was der Bodenstruktur sehr zugute kommt und der Pflanze mehr Wert verleiht; Gesteinsmehl zur Ammoniakbildung ist ebenfalls von Nutzen. Ab und zu sollte diese Jauche gerührt werden, jedoch nicht zu oft, da sich ansonsten das kostbare Ammoniak verflüchtigt. Auch andere Pflanzen können beigemengt werden: Beinwell ist reich an Mineralien und kommt besonders Tomaten zugute; Löwenzahn, Wermut, Hirtentäschel und Schachtelhalm sind als Beigabe ebenfalls sehr geschätzt. Holunderblätterzusatz soll sogar Wühlmäuse und Möhrenfliegen vertreiben. Im Verhältnis 1 : 10 mit Wasser vermischen; gießen.

Weitere Präparate, Jauchen, Tees und Ansätze sowie deren Herstellung finden sie im Kapitel "Garten".

ALTERNATIVER ANBAU

Eine interessante Alternative für die neue Landwirtschaft: Tee-, Gewürz- u. Heilkräuter

Bockshornklee: Der Bockshornklee stammt ursprünglich aus Asien. Er ist fast winterhart und muß im Mai ausgesät werden (windgeschützte Felder). Pflanzabstand 23 cm. Die Pflanze wünscht sehr viel Sonne. Fruchtbarer, ablaufender Boden ist erforderlich. Reifedauer 4 Monate (an Fruchttagen, zunehmender und absteigender Mond).
Verwendung: Als Arzneimittel, Stärkungsmittel, Sprossen für Salate.

Buchweizen: Der Buchweizen stammt aus Asien und ist ein Knöterichgewächs.
Er stellt bezüglicch Boden keine Ansprüche, wächst auch auf Heide-, Torfböden und unfruchtbaren Land 5-8g/m2. Nicht winterhart (an Fruchttagen zunehmend/absteigend).
Verwendung: Alternative Getreideart. Eiweißreich, Kupfer, Lezithin, glutenfrei.
Bei Zöliakie-Erkrankungen verwendbar.

Fenchel: Der Fenchel gedeiht bei uns problemlos. Guter sonniger Boden, ablaufend; er liebt es auch kalkhaltig bis steinig in zweiter Tracht (nicht frisch gedüngt).
Im zeitigen Frühjahr an Ort und Stelle aussäen, in Saatreihen ca. 5 kg pro Joch (1 Joch = 1/4 Hektar). Man kann ihn auch in Abständen von ca. 30 cm pflanzen (nach Frühkartoffeln).
Verwendung: Als Gewürz (Ernte im Früherbst) an Fruchttagen ernten, aufsteigende Kraft und abnehmend. Hauptsamenernte im 2. oder 3. Jahr; Knollen als Gemüse.

Kamille: Fruchtbarer feuchter Boden, sonnig, Pflanzenabstand 23 cm im frühen Frühling pflanzen. Jungpflanzen vor Unkraut schützen.
Verwendung: Für Medizin und Kosmetik.

Koriander: Liebt guten, leichten, ablaufenden Boden in sonniger Lage, 20 cm Abstand. Samenansatz ohne Schwierigkeiten. Ernten, wenn die Samenköpfe sich hellbraun zu färben beginnen. Achtung! Eine Beobachtung des Fruchtstandes ist sehr wichtig! Der Samen reift plötzlich und fällt ohne Vorwarnung aus (an Fruchttagen ernten).

Knoblauch: Winterhart. Sonnige Lage, gut ablaufender Boden, möglichst warm, nährstoffreich.
Zehen im Oktober stecken bzw. im frühen April. Pflanzabstand 15-20 cm, 2,5 cm tief (an Wurzeltagen bei abnehmendem, absteigendem Mond)
Im Juli - August ernten (wenn der Stengel sich verfärbt und umknickt), an Wurzeltagen aufsteigend und abnehmend.

Löffelkraut: Gemüse, Salat, Heilkraut.
Samen im August breitwürfig säen oder eng in Reihen (evtl. Unkraut jäten, ansonsten wenig arbeitsintensiv).

TIPS

Aussaat: Eine alte Bauernweisheit rät: "Aussäen erst, wenn man auch nackt säen könnte!" (Es soll also nicht zu kalt sein.)

Dünger, Mist, Jauche ausbringen stets bei Vollmond od. abnehmendem Mond - schont das Grundwasser!!!

Faulende Kartoffeln sind meist an ungünstigen Tagen geerntet worden. Man sollte die Kartoffeln an einem Wurzeltag bei aufsteigendem und abnehmendem Mond ausmustern und die guten Kartoffeln umlagern. (Gilt auch für alle anderen Wurzel-, Knollen-, Zwiebelgewächse.)

Hacken ca. alle 9 Tage abends an einem Erdtag (Steinbock, Stier, Jungfrau).

Heu, Streu, Stroh etc. stets bei abnehmendem Mond trocknen und einbringen, am besten auch noch bei aufsteigender Kraft.

Zu **Josefi** ist alles angebaut, sagten die Alten.

Kartoffelkäfer: Pflanzen mit Gesteinsmehl bestäuben oder Kren dazwischen setzen.

Kartoffeln stets so legen, daß das Auge schräg nach oben weist.

Krautfäule bei Kartoffeln: nur gesundes Saatgut verwenden, Boden mit Gesteinsmehl anreichern.

Kohlhernie: Kohlpflanzen mehrmals mit Schachtelhalmtee gießen, in Mischkultur pflanzen.

Kohlpflanzen: mindestens 5 Jahre nicht auf dasselbe Feld setzen.

Ölfrüchte an Lufttagen pressen, Zwilling, Waage, Wassermann, möglichst bei abnehmendem Mond.

Saatgut und Samen sollte man am besten in blauen Tuchsäcken aufbewahren. Diese Farbe schützt das Saatgut und fördert das Wachstum. Früher trug man bei der Feldarbeit blaue "Fürtücher" - eine Art Schurz. Der Sämann säte daraus das Saatgut.

Setzlinge zur Stärkung mit Brennessel- od. Schachtelhalmtee gießen (auch für Gartenpflanzen).

Wein nur bei abnehmendem Mond ernten, an einem Fruchttag oder Lichttag.

NOTIZEN